RÉPERTOIRE

DU

SERVICE DE LA COMPTABILITÉ

DES

TRÉSORIERS-PAYEURS GÉNÉRAUX

ET DES RECEVEURS PARTICULIERS DES FINANCES

RÉPERTOIRE

DU

SERVICE DE LA COMPTABILITÉ

DES

TRÉSORIERS-PAYEURS GÉNÉRAUX

ET DES RECEVEURS PARTICULIERS DES FINANCES

PAR

EUGÈNE MARTINIER

ANCIEN FONDÉ DE POUVOIRS DE LA TRÉSORERIE GÉNÉRALE DE LA GIRONDE
TRÉSORIER-PAYEUR GÉNÉRAL DE LA SAVOIE

BERGER-LEVRAULT ET Cie, ÉDITEURS

PARIS | NANCY
5, RUE DES BEAUX-ARTS | 18, RUE DES GLACIS

1902

AVANT-PROPOS

Le volume des modèles de l'Instruction générale du 20 juin 1859 a donné, sous les n°⁵ 329, 358 et 359, des textes nombreux d'articles d'écritures à passer par les Receveurs généraux et particuliers des finances pour la tenue régulière de leur comptabilité.

Un grand nombre de changements ayant été apportés à ces modèles, soit pour l'ouverture de nouveaux comptes, soit pour la forme des livres à tenir, nous offrons à ces comptables supérieurs un Répertoire alphabétique, au moyen duquel leur service pourra appliquer, aux textes de l'Instruction générale, les modifications prescrites, sans être astreint à recourir aux circulaires ministérielles. La date de ces circulaires est d'ailleurs relatée en marge des articles.

L'ordre rigoureusement alphabétique du Répertoire en facilite la consultation. Chacun des articles indique d'abord les écritures incombant aux trésoreries générales, puis, sous la rubrique R. P., celles incombant aux recettes particulières.

Le Répertoire donne ensuite quelques opérations qui, figurant dans la comptabilité des Receveurs particuliers, n'ont pas à être décrites dans celles des trésoreries.

Enfin le volume se termine par une table systématique d'après l'ordre de la balance générale des comptes et du grand-livre. Cette table renvoie à la page où sont décrites les écritures afférentes à un compte.

L'idée et la plus grande partie des matières de ce volume sont d'un de nos plus distingués chefs du service départemental. C'est dire que l'élaboration émane d'une plume des plus compétentes et qu'elle peut inspirer toute confiance aux chefs de service.

Nous souhaitons que, fidèles au but constant de nos efforts, nous ayons réussi, cette fois encore, à offrir aux comptables, par ce Répertoire, un guide qui puisse leur être utile et avantageux.

BERGER-LEVRAULT & Cie.

RÉPERTOIRE DE LA COMPTABILITÉ

Agent comptable de la Légion d'honneur, S/C de paiements à vérifier.

Les paiements effectués par les Trésoriers généraux pour le compte de la Légion d'honneur sont constatés à un compte provisoire ouvert parmi les correspondants administratifs sous le titre : *Agent comptable de la Légion d'honneur, S/C de paiements à vérifier.* N° 90.

A la réception des avis de crédit, remis à la Direction du mouvement général des fonds par l'Agent comptable de la Légion d'honneur, le compte *Agent comptable de la Légion d'honneur, S/C de paiements à vérifier* est crédité par le débit du compte : *Paiements pour le compte de la Légion d'honneur.* (Opérations de Trésorerie.)

R. P. — Les Receveurs particuliers constatent à ce compte tous les paiements faits pour le compte de la Légion d'honneur (page 6 de la lettre décadaire).

Attribution des contributions directes et des taxes assimilées, recouvrées pour le compte du département et des communes, exercice 19 .

Ce compte est débité du montant des centimes additionnels alloués au département, aux communes et à la Caisse des dépôts (fonds de garantie créé par la loi du 9 avril 1898). Il est crédité par le transport, en fin de dizaine, au compte courant du Trésor.

Le montant des centimes départementaux est mandaté au profit du comptable départemental par douzième, le jour même de l'échéance de chaque douzième. Le paiement doit donc avoir lieu le 1ᵉʳ du mois

---

Marginal notes:

Circ. 6 déc. 1881, V.

Circ. 30 déc. 1892, III et IV ; — 14 févr. 1900, IV ; — 14 nov. 1900.

pour le mois précédent, en vertu d'un mandat délivré par le Préfet sur la proposition du Directeur des contributions directes, qui doit établir le décompte de la somme due.

Le paiement des centimes départementaux pouvant excéder le montant des sommes recouvrées, les mandats de restitution de centimes aux départements prennent le nom de *mandats d'attributions*.

Les attributions des centimes communaux doivent être établies par les Receveurs des finances tous les mois, ou au moins tous les trois mois. Il est formellement interdit d'allouer aux communes au delà des sommes qui leur sont dues d'après la proportion des recouvrements, fixée comme base de liquidation. Il convient, en outre, de ne pas faire coïncider l'allocation afférente au 1er trimestre d'un exercice avec celle qui se rapporte au solde de l'exercice précédent.

Les attributions à la Caisse des dépôts ont lieu en vertu de mandats délivrés mensuellement par le Préfet et établis par le Directeur des contributions directes.

En principe, elles sont effectuées à la fin de chaque mois, à raison d'un douzième du montant total des impositions comprises dans les rôles primitifs des patentes.

Pour les rôles primitifs des mines et pour les rôles primitifs des patentes émis après le 31 janvier, comme aussi pour tous les rôles supplémentaires des trois premiers trimestres, le montant total des impositions pour fonds de garantie est divisé en autant de mois qu'il en reste à courir jusqu'à la fin de l'année: le quotient ainsi trouvé sert de base aux attributions à faire à la fin de chaque mois à la Caisse nationale des retraites pour la vieillesse. Quant aux impositions pour fonds de garantie comprises dans les rôles supplémentaires du 4e trimestre, elles ne font l'objet que d'une attribution unique dont le montant est versé à la Caisse des retraites en même temps que les deux derniers termes des autres rôles.

Ces deux derniers termes ne sont alloués qu'au moment de la clôture de l'exercice et sous réserve des déductions à opérer pour les dégrèvements et les frais de perception. (Circ. 14 févr. 1900, IV, et 14 nov. 1900.)

Lors de cette allocation, le Trésorier général fait recette :

1° Au titre de la Caisse des dépôts, de la somme nette revenant à la Caisse des retraites, c'est-à-dire du montant du mandat, déduction faite des sommes à rembourser à l'État et dont le total est indiqué dans le décompte placé au dos du mandat ;

2° Du montant des dégrèvements et des frais de perception à un compte ouvert parmi les comptes de recettes d'ordre en atténuation de dépenses sous la rubrique : *Versements par la Caisse des dépôts des dégrèvements et des frais de perception concernant les taxes additionnelles pour fonds de garantie.*

Balance d'entrée.

La circulaire du 10 novembre 1864 a fixé au dernier jour de février le transport par balance d'entrée des soldes existant au 31 décembre ou des opérations des comptes dont l'exercice est encore en cours.

Les deux mois ainsi accordés aux Trésoriers généraux permettent de passer au Journal supplémentaire de la gestion expirée les rectifications jugées nécessaires.

Sont transportées par balance d'entrée les opérations suivantes :

1° Les *Soldes de caisse et des comptes de portefeuille* (page 2 de la balance) ;

2° Le montant des *Comptes de contributions et revenus publics* en cours d'exercice (pages 5 et 6 de la balance) ;

3° Le montant des *Dépenses publiques* en cours d'exercice (page 7 de la balance) ;

4° Le montant des *Services spéciaux :*

Perfectionnement du matériel d'armement et réinstallation de services militaires ;

Contributions directes et taxes assimilées recouvrées pour le compte du département et des communes, en cours d'exercice ;

Attribution des contributions directes et taxes assimilées recouvrées pour le compte du département et des communes, en cours d'exercice (page 7 de la balance);

I. G., art. 2069 à 2073, mód. nᵒˢ 100 à 105. Circ. 10 nov. 1864, XI.

5° Les totaux de recettes et de dépenses du *Service départemental,* exercice antérieur et exercice courant, et le solde du compte *Service départemental, hors budget* (page 8 de la balance) ;

6° Les soldes existant à tous les autres comptes placés à la page 8 de la balance ;

7° Les soldes des comptes : *Fonds particuliers, Trésor S|C courant, Fonds libres sur dépôts au Trésor, Fonds libres sur emprunts, Fonds libres du service départemental, Fonds libres sur correspondants du Trésor et avances* (page 9 de la balance) ;

8° Les soldes des *Correspondants administratifs de la Trésorerie générale,* qui sont tous placés aux pages 10, 11, 12 et 13 de la balance.

Les écritures auxquelles donnent lieu ces transports sont les suivantes :

1° *Balance d'entrée* doit aux *Suivants,* pour les crédits des comptes se transportant pour l'intégralité des recettes et des dépenses, tels que ceux portés sous les n.ᵒˢ 2, 3, 4 et 5 de la série ci-dessus et pour les soldes créditeurs des autres comptes nᵒˢ 1, 6, 7 et 8 ;

2° Les *Suivants* doivent à *Balance d'entrée,* pour les débits des comptes classés sous les nᵒˢ 2, 3, 4 et 5 et pour les soldes des autres comptes nᵒˢ 1, 5, 6 et 7.

Le débit et le crédit du compte *Balance d'entrée* doivent nécessairement se balancer.

Pour ne pas confondre les opérations relatives à la balance d'entrée avec les opérations de la gestion courante, il est fait deux colonnes distinctes dans les formules de balances. Ces colonnes reçoivent spécialement les sommes concernant la balance d'entrée, qui y figurent, en somme, pour mémoire, car leur montant est compris dans le total des opérations (col. 4 et 6 de la balance). Pour établir le chiffre des opérations spéciales à la gestion, il faut défalquer de la colonne 4 ou 6 les sommes portées dans la colonne 3 ou 5.

Les résultats de la balance d'entrée doivent être inscrits à l'encre rouge, au Grand-Livre, dans la dernière colonne du débit ou du crédit. (Circ. 27 mars 1865, § 10.)

Les intérêts alloués par le Trésor pour les fonds placés pendant l'année précédente sont transportés dans la gestion courante, après l'avis reçu du Trésor. Les écritures auxquelles donne lieu cette constatation sont les suivantes :

Balance d'entrée à Communes et établissements publics, L|C de fonds placés avec intérêts ;

Fonds libres sur Dépôts au Trésor à Balance d'entrée.

R. P. — Les Receveurs des finances passent deux articles au livre-journal pour la balance d'entrée.

Par le premier, le C| *Balance d'entrée* est crédité :

1° Du montant des soldes débiteurs des comptes de caisse et de portefeuille ;

2° Du montant du débit des comptes de contributions et revenus publics ;

3° Du montant du débit du C| *Budget départemental ;*

4° Du montant des soldes débiteurs des comptes qui ne se transportent pas (balance §§ 3 et 4 des correspondants de la Trésorerie générale).

Par le second, le C| *Balance d'entrée* est débité :

1° Du montant du crédit des comptes de contributions et revenus publics ;

2° Du montant du crédit du C| *Budget départemental ;*

3° Du montant des soldes créditeurs des comptes qui ne se transportent pas ;

4° Du montant du solde créditeur du compte courant du Trésorier général.

Quant aux intérêts de fonds placés au Trésor, ils ne font l'objet d'aucun jeu de comptes mais sont pris en charge par une simple mention d'ordre au livre-journal ainsi libellée : « Le comptable reçoit « du Trésorier général un avis en date du..... d'après lequel la « somme de..... a été ordonnancée au profit des communes et éta- « blissements publics de l'arrondissement pour intérêts de l'année « 19... Cette somme est appliquée au crédit des communes et éta- « blissements sur le livre des comptes courants. »

I. G., art. 1662.

Banque de France, S/C de prélèvements autorisés.

Circ. 8 août 1876, 3.

Ce compte a été créé par la circulaire du 8 août 1876, § 3. Il reçoit au crédit le montant des prélèvements faits au moyen de reçus provisoires de virement, extraits d'un livre à souche.

Sur le vu du reçu provisoire, présenté par la Banque de France au Caissier central du Trésor, ce dernier débite le compte courant du Trésorier général, lors même que le talon-avis qui doit être adressé à la Direction du mouvement général des fonds le jour même du prélèvement ne serait pas parvenu à l'administration. L'avis de ce débit est adressé au Trésorier général, qui souscrit son récépissé au compte *Remises du Caissier du Trésor* et l'adresse à la Caisse centrale en débitant le compte *Banque de France, S/C de prélèvements autorisés,* qui se trouve ainsi soldé.

Il est bien entendu que le total du carnet dont il est parlé ci-dessus doit toujours être additionné et présenter les mêmes résultats que le crédit du compte en question.

Bénéfices et frais des gestions intérimaires des Trésoreries générales et des Recettes des finances.

I. G., art. 2171, 2172. Circ. 31 mai 1862, I; — 6 juill. 1864, I; — 15 oct. 1864, VIII; — 31 janv. 1890, IV.

A ce compte sont portés — en recette, les taxations et émoluments de toute nature afférents aux gestions intérimaires des Trésoreries générales et des Recettes des finances — en dépense, les frais de bureau ou autres frais accessoires payés pour le service de ces gestions intérimaires, et le montant de la retenue de 5 p. 100 pour le service des pensions civiles.

Le gérant intérimaire s'abstient de tout prélèvement, sauf les frais de gestion et son traitement comme employé de la Trésorerie générale ou de la Recette des finances.

Lorsque l'indemnité a été fixée, le Trésorier général fait au gérant, par le débit du compte *Bénéfices et frais des gestions intérimaires des Trésoreries générales et des Recettes des finances,* le paiement de cette indemnité, ainsi que de la portion des frais de gestion qui n'aurait pas encore été prélevée.

Après le règlement, la partie des bénéfices provenant des émoluments *budgétaires* est encaissée au C/ *Reversements de fonds sur les dépenses des ministères ;* la portion des émoluments *extrabudgétaires,* restée libre, est appliquée à un compte de contributions et revenus publics intitulé : *Bénéfices provenant des gestions intérimaires des Trésoreries générales et des Recettes des finances.*

Les récépissés de ces versements, dont le compte *Bénéfices et frais des gestions intérimaires des Trésoreries générales et des Recettes des finances* est débité, doivent être adressés à la Direction générale de la comptabilité publique.

Bons du Trésor remis par le Caissier du Trésor.

Les sommes versées pour demandes de bons du Trésor sont reçues au crédit d'un compte de correspondants administratifs intitulé : *Divers, L/C de placements en bons du Trésor.* Il est délivré une reconnaissance extraite d'un carnet à souche, spécial à ce service.

Circ. 20 mars 1865, II ; — 8 août 1876, IV ; — 15 oct. 1870 ; — 6 janv. 1873.

Au reçu des bons, qui sont adressés par la Caisse centrale par lettre servant à la fois d'avis de débit, la Trésorerie générale passe l'écriture suivante :

Bons du Trésor remis par le Caissier du Trésor
à Remises du Caissier du Trésor (pour le montant de l'achat),

et elle adresse son récépissé, souscrit à ce dernier compte, à la Caisse centrale.

Lors de la remise des bons à la partie, il est passé l'article suivant :

Divers, L/C de placements en bons du Trésor
à Bons du Trésor remis par le Caissier du Trésor,

et la reconnaissance, acquittée par la partie, justifie la dépense au premier compte.

Si les bons ont été souscrits dans un arrondissement de sous-préfecture, leur envoi au Receveur particulier donne lieu à l'écriture suivante :

> *M....., R*^r *P*^er *de.....*
> *à Bons du Trésor remis par le Caissier du Trésor.*

Le compte *Divers, L/C de placements en bons du Trésor* est débité lors de la remise des bons à la partie, par le crédit du compte courant du Receveur particulier.

Pour le renouvellement des bons, les écritures doivent être passées comme s'il s'agissait d'un remboursement et d'un placement effectifs.

R. P. — Écritures des receveurs particuliers.

Recette. — Caisse à Divers; L/C de placements en bons du Trésor.

Transport. — Divers ; L/C de placements en bons du Trésor à M. X..., Trésorier général S/C courant (cet article doit être compris, ainsi que celui concernant les achats de rentes, dans l'article de transport spécial de fin de dizaine).

Réception des bons. — Bons du Trésor à Remises du Trésorier général.

Remise des bons. — Pièces de dépenses à Bons du Trésor. La reconnaissance de dépôt acquittée sert de pièce de dépense ; elle est inscrite sur la lettre décadaire à la page 6 au C/ *Divers ; L/C de placements en bons du Trésor.*

Bordereaux d'achats de rentes remis par la Caisse centrale.

I. G., art. 2035, 2036. Circ. 28 mai 1875, II ; — 1er août 1881, I ; — 16 juin 1883, III.

Les Trésoriers généraux, les Receveurs des finances et les Percepteurs, sous certaines conditions indiquées par la circulaire du 26 avril 1900, sont chargés d'office d'effectuer, sans autres frais que ceux de courtage justifiés par les bordereaux de la Chambre syndicale des agents de change, tous les achats et ventes de rentes françaises demandés par des particuliers.

Les Receveurs particuliers envoient les commissions à la Chambre syndicale le jour même du dépôt, et adressent en même temps à la Trésorerie générale une copie des états récapitulatifs prescrits par la circulaire du Mouvement des fonds du 21 décembre 1897.

Il n'est pas fourni de récépissé pour ces sortes d'opérations, attendu qu'elles ne donnent lieu à aucun recours en garantie contre le Trésor; toutefois, pour le bon ordre de la comptabilité, il est délivré une reconnaissance extraite d'un carnet à souche pour les versements de fonds à employer en achats de rentes (art. 1156, Instr. gén.).

Ces versements sont reçus au crédit d'un compte de correspondants administratifs intitulé : *Divers, L/C d'achats de rentes sur l'État*, par le débit de la valeur reçue.

Le Mouvement général des fonds, après l'opération, envoie à la Trésorerie générale les bordereaux d'achats effectués, soit sur demandes du chef-lieu, soit sur celles des Recettes particulières, dont le montant est porté d'office au débit du compte courant du Trésorier général.

Au reçu de ces bordereaux, qui parviennent ordinairement le même jour que l'avis de débit d'office, la Trésorerie générale passe l'écriture suivante : *Bordereaux d'achats de rentes remis par la Caisse centrale* à *Remises du Caissier du Trésor*, et elle adresse le récépissé souscrit à ce dernier compte au Caissier central du Trésor.

Le compte *Bordereaux d'achats de rentes remis par la Caisse centrale*, qui a été débité à l'arrivée des bordereaux d'achats, est crédité suivant circulaire du 1er août 1881, par le débit du compte de portefeuille : *Titres de rentes remis par le Caissier du Trésor*, lors de l'arrivée des inscriptions à la Trésorerie générale.

R. P. — A la réception des titres les receveurs particuliers débitent le C/ *Titres de rentes achetés remis par le Trésorier général* par le crédit du C/ *Divers ; L/C de titres de rentes achetés.*

Une écriture en sens inverse est passée pour la remise des titres aux parties.

Bordereaux et titres de valeurs françaises achetées ou échangées.

Circ. 28 déc. 1878, I; —
8 nov. 1880, IV; — 9
mars 1881, I; — 29 oct.
1881, III; — 18 nov. 1881,
III; — 19 avril 1884, II;
— 6 mai 1896, V.

Ce compte existe depuis le 1er janvier 1879. (Circ. du 28 décembre 1878.)

Il est débité, au crédit des *Fonds particuliers,* lors de l'entrée des titres échangés ou de la réception des bordereaux d'achats, et crédité par le débit du compte *Fonds particuliers* ou du compte *Receveurs particuliers, L|C de titres du Crédit foncier ou autres valeurs françaises,* à leur sortie, c'est-à-dire lors de la remise des titres aux parties ou de leur envoi aux receveurs particuliers. (Circ. 6 mai 1896.)

R. P. — A la réception de ces valeurs les receveurs particuliers débitent le C| *Bordereaux et titres de valeurs françaises achetées ou échangées* par le crédit du C| *Trésorerie générale; S|C de titres du Crédit foncier et autres valeurs françaises.*

Une écriture en sens inverse est passée pour la remise des titres aux parties.

Caisse.

I. G., 1189, 1396, 2059.
1865.

Les Trésoriers généraux, ainsi que tous les comptables de deniers publics, ne doivent avoir qu'une seule caisse qui, pour les Trésoriers généraux, doit renfermer leurs fonds personnels (art. 1396 de l'Instr. gén.).

Dans les Trésoreries générales, il est tenu un livre de caisse où toutes les recettes et toutes les dépenses en numéraire sont immédiatement inscrites; au débit les recettes et au crédit les dépenses.

En outre, au Journal général, le compte *Caisse* est débité pour les recettes et crédité pour les dépenses faites en numéraire.

Caisse centrale, S/C d'envois à vérifier.

A ce compte transitoire, on transporte au débit le montant des envois faits à la Caisse centrale et au crédit le montant des récépissés délivrés en échange desdits envois par le Caissier du Trésor et qui sont adressés aux Trésoriers généraux pour servir de pièces justificatives de dépenses au compte *Envois au Caissier du Trésor*.

Circ. 31 mai 1862, II; —
21 oct. 1867, IX.

Caisses d'épargne privées, L/C de recouvrements.

Les Percepteurs qui concourent au service des Caisses d'épargne doivent être autorisés par le Ministre des finances, et être munis d'une commission émanant du Conseil d'administration de la Caisse d'épargne et contresignée pour autorisation par le Trésorier général.

Lorsque le Receveur des finances reçoit des Percepteurs les diverses pièces exigées par la circulaire du 25 août 1875, § 7, et sans attendre le versement matériel des fonds, il s'en charge immédiatement en recette au crédit de deux comptes ouverts parmi les correspondants administratifs sous les titres ci-après:

Circ. 25 août 1875.

N° 21. Caisses d'épargne privées, L/C de recouvrements;

N° 57. Percepteurs, L/C de recouvrements opérés pour le C/ des Caisses d'épargne.

Le compte n° 57 est débité par le crédit du compte n° 21.

Les recettes constatées à ce dernier compte sont transportées en fin de dizaine au crédit du compte courant du Trésorier général, et les opérations constatées au débit du compte n° 57 sont centralisées dans les écritures de la Trésorerie générale au moyen d'un compte à ouvrir sous le titre n° 74: *Receveurs particuliers, L/C de recouvrements pour les Caisses d'épargne effectués par les Percepteurs.*

Lors de son plus prochain versement à la Recette des finances, le Percepteur effectue le versement de toutes les sommes reçues pour le compte des Caisses d'épargne et le Receveur des finances lui en délivre récépissé au crédit du compte : *Percepteurs, L/C de recouvrements opérés pour le compte des Caisses d'épargne.*

Le récépissé délivré au crédit du compte : *Caisses d'épargne privées, L/C de recouvrements,* est remis, par le Receveur des finances, au Caissier de la Caisse d'épargne et compris, après avoir été acquitté au dos, pour comptant dans le versement hebdomadaire que ce dernier fait au Receveur des finances, en qualité de Préposé de la Caisse des dépôts et consignations.

Caisses d'épargne privées, L/C de remboursements.

Circ. 25 août 1875.

Les demandes de remboursements de fonds déposés aux Caisses d'épargne, quittancées suivant les prescriptions du paragraphe 15 de la circulaire du 25 août 1875, sont constatées au débit du compte : *Caisses d'épargne, L/C de remboursements.*

Lors de la plus prochaine séance de la Caisse d'épargne, la Recette des finances remet au Caissier les pièces justificatives des paiements effectués par les Percepteurs, et il s'en fait tenir immédiatement compte. Les sommes ainsi encaissées sont portées au crédit du compte ci-dessus.

Caisse des dépôts et consignations.

I. G. 1804 à 1807, 1818;
1905 à 1911.
Circ. 30 déc. 1867, XII.

Les Trésoriers généraux, ainsi que les Receveurs particuliers, sont comptables envers la Caisse des dépôts et consignations des recettes et des dépenses qu'ils effectuent pour son compte.

Les recettes donnent lieu à la délivrance de récépissés spéciaux, série C, portant la somme en toutes lettres et tous les renseignements donnés dans le corps du récépissé lui-même.

Les recettes et les dépenses sont justifiées à la Comptabilité publique au moyen d'avis de débit pour les recettes et d'avis de crédit pour les dépenses. Ces avis sont adressés aux Trésoriers généraux après vérification des pièces (Circ. 30 déc. 1861), mais les pièces justificatives elles-mêmes sont adressées à la Caisse des dépôts et consignations, appuyées d'un relevé distinct par recettes et dépenses, en double expédition.

Les remboursements de recettes indûment encaissées sont toujours constatés suivant le mode indiqué à l'article 2088 de l'Instruction générale et les récépissés annulés sont adressés à la Direction générale de la Caisse des dépôts et consignations.

Les pièces de dépenses rejetées par la Caisse des dépôts sont reproduites, s'il y a lieu, après régularisation, dans le mois de la régularisation, sans qu'il en soit passé écriture sur le Journal de la Trésorerie générale. Il n'en est pas de même quand les pièces rejetées concernent le mois de décembre; le montant en est déduit des écritures de la gestion et transporté à un C/ de correspondants administratifs intitulé : *Divers, L/C de paiements à régulariser.* Ce compte est soldé, ou par le rétablissement des pièces de dépenses au compte : *Caisse des dépôts et consignations* dans la gestion suivante, ou par le versement en numéraire fait par les personnes intéressées.

Les recettes et les dépenses sont constatées par les Trésoriers généraux à un compte courant tenu contradictoirement avec la Caisse des dépôts et consignations ; le règlement en est fait toutes les dizaines et, chaque dizaine, le C/ *Caisse des dépôts et consignations* est soldé, savoir :

Quand il y a un excédent de *recettes,* au moyen d'un mandat sur le Caissier du Trésor à 10 jours de date ;

Quand il y a un excédent de *dépenses,* au moyen d'un mandat sur la Caisse des dépôts et consignations, à l'ordre du Caissier du Trésor.

Pour l'excédent de recettes, il est passé l'écriture suivante :

Caisse des dépôts et consignations à Mandats sur le Trésor.

Pour l'excédent de dépenses :

Caisse centrale, S/C d'envois à vérifier à Caisse des dépôts et consignations, en faisant, bien entendu, intervenir la Recette particulière du chef-lieu.

Il est alloué aux Trésoriers généraux et Receveurs particuliers des taxations sur les recettes et sur les dépenses ; elles sont liquidées après l'expiration de l'année qu'elles concernent, par conséquent figurent dans le compte courant de l'année suivante.

La dépense est justifiée au moyen d'états modèles n°ˢ 126 et 127 de l'Instruction générale, présentant les extraits des décomptes de liquidation et ils sont appuyés des quittances des Receveurs particuliers.

Il existe, pour le service de la *Caisse des dépôts et consignations,* une instruction spéciale créée en 1877.

Caisse des retraites pour la vieillesse, S/C de versements des intermédiaires.

I. G. 2058, 554 à 558.
Circ. 3o sept. 1862, XIV.

Ainsi qu'il est dit à l'article 558 de l'Instruction générale, le compte ouvert aux intermédiaires de la Caisse de la vieillesse est destiné à la constatation transitoire des versements faits par ces intermédiaires dans l'intérêt de plus de 10 déposants. Les sommes versées, après avoir été inscrites et visées sur les livrets, sont transportées au C/ *Caisse des dépôts et consignations* (art. 1691 et 2058 de l'Instr. gén.). Les récépissés qui, au moment des versements, ont été délivrés aux intermédiaires, sont rendus par ceux-ci contre les livrets revêtus du visa de la préfecture ou de la sous-préfecture.

Ce compte doit *toujours* être soldé en fin de dizaine.

Caissier du Trésor, S/C de paiements à divers correspondants.

Circ. 8 août 1876, VI; —
10 oct. 1876, VI.
M. F. 14 juin 1877.

Les prélèvements que les Trésoriers généraux peuvent opérer sur leur compte courant pour les transmissions de fonds qu'ils ont à faire au Receveur municipal de la ville de Paris où au Crédit foncier sont constatés au débit des fonds particuliers et au crédit du C/ *Caissier du Trésor, S/C de paiements à divers correspondants.* Il est délivré à ce titre un récépissé qui est envoyé au correspondant.

La Trésorerie générale adresse, tant au Mouvement des fonds qu'à la Caisse centrale, un avis conforme au modèle 4 de la circulaire du 8 août 1876.

Le paiement n'est d'ailleurs effectué qu'autant que cette lettre d'avis est parvenue en temps utile. Au reçu de l'avis de débit constatant le paiement par le Caissier central, le Trésorier général débite le C/ ci-dessus par le crédit du C/ *Remises du Caissier du Trésor.*

Le paiement des récépissés délivrés pour tout autre motif que pour la transmission des recettes effectuées pour le C/ du Crédit foncier et de la Ville de Paris est refusé à la Caisse centrale, à moins d'une autorisation spéciale.

C. M. F. 14 juin 1877; — 10 mars 1896.

Comptes de caisse et de portefeuille.

Sous cette dénomination, on entend les comptes placés à la première page de la Balance.

Les entrées en portefeuille des valeurs sont constatées au débit des comptes que les valeurs concernent et à leur crédit à la sortie du portefeuille.

Il en est de même pour le C/ *Caisse,* qui est également débité pour l'entrée du numéraire en caisse, c'est-à-dire pour les recettes, et crédité pour la sortie ou dépenses.

Consignations de droits d'examen.

Ce compte est crédité du montant des consignations (droits d'examen, de thèse, de certificat d'aptitude, de diplôme et de visa) versées par les Percepteurs.

Circ. 17 févr. 1883; — 28 févr. 1889, VI; — 15 déc. 1897; — 31 déc. 1897; 8 févr. 1898, II.

Lorsque ces comptables ont reçu, des secrétaires des facultés ou écoles, l'état d'emploi de ces consignations, ils se chargent en recette :

1° Du montant des droits acquis au Trésor au C/ *Droits universitaires acquis au Trésor ;*

2° Du montant de l'excédent à rembourser au C/ *Excédents de versements sur contributions publiques.*

Ils en délivrent une quittance collective qui, annexée à l'état d'application, est versée, pour comptant, à la Trésorerie générale et le montant en est porté dans les écritures du Trésorier général au débit du compte *Consignations de droits d'examen* et au crédit respectif des comptes *Produits universitaires, exercice 19   *, et *Excédents de versements sur contributions.*

La portion des consignations non employée est transportée au 31 décembre de la deuxième année au crédit du compte *Excédents de versements sur contributions* par le débit du compte *Consignations de droits d'examen,* qui se trouve alors soldé en ce qui concerne l'ancien exercice.

R. P. — Les recettes constatées à ce compte par les receveurs particuliers sont transportées en fin de dizaine au crédit du compte courant du Trésorier général.

Consignations en matière de police de roulage et de navigation.

I. des amendes, art. 20 à 24.
Circ. 10 juin 1896, § 7.

Sont portées à ce compte les sommes arbitrées et qui, n'ayant pas été garanties par une caution solvable, doivent être immédiatement consignées par les délinquants. (L. 30 mai 1851, art. 20 et D. 26 déc. 1879.)

Ces dispositions sont applicables aux amendes prononcées pour infractions aux règlements de police sanitaire maritime.

A l'expiration des délais d'opposition, d'appel ou de pourvoi contre les jugements survenus, les sommes ainsi consignées sont, ou bien appliquées au C/ *Produits des amendes et condamnations pécuniaires,* ou bien restituées aux parties, suivant le cas.

Si les sommes sont appliquées au compte *Produit des amendes et condamnations pécuniaires,* la dépense est justifiée par une déclaration de versement souscrite à ce dernier compte ; mais si, au contraire, la somme est restituée à la partie, c'est la quittance de la partie, appuyée d'un extrait de jugement ou de la décision portant acquittement, qui justifie la dépense au compte *Consignations en matière de police de roulage et de navigation.*

Contributions directes et Taxes assimilées recouvrées pour le compte du département et des communes.

Ce compte, créé par la circulaire du 30 décembre 1892, représente le montant des recouvrements sur centimes additionnels départementaux, communaux et pour le fonds de garantie créé par la loi du 9 avril 1898.

Chaque mois, la part des contributions et taxes assimilées recouvrées revenant aux départements, aux communes et à la Caisse des dépôts pour le fonds de garantie est annulée par contre-partie aux comptes *Contributions directes, Redevances des mines, Taxes sur les chevaux, voitures, billards et vélocipèdes,* et transportée au crédit du compte *Contributions directes et taxes assimilées recouvrées pour le compte du département et des communes.*

Chaque mois, une mention portée au Journal spécial constate la répartition des centimes additionnels recouvrés pour le compte des départements et des communes entre les différents articles du compte susindiqué, ouvert parmi les services spéciaux.

Circ. 30 déc. 1892, III et IV ; — 14 févr. 1900, IV ; — 14 nov. 1900.

Contributions et Revenus publics.

Tous les comptes de *Contributions et revenus publics,* placés aux pages 3 à 6 de la Balance, donnent lieu à délivrance de récépissés ; et comme les recettes faites à ces comptes concernent exclusivement le Trésor, le montant en est transporté en fin de dizaine au compte courant du Trésor, de telle sorte que, dans les écritures de la Trésorerie générale, ces comptes, qui sont des comptes purement de recettes, se trouvent toujours soldés ; c'est-à-dire qu'ils ont un débit et un crédit égaux, à la place qu'ils occupent sur la balance générale.

Les recettes à ces comptes s'opèrent, pour la plupart d'entre eux, par les versements des Percepteurs qui en ont recouvré le montant sur les contribuables en vertu d'états qui leur arrivent de la Direction

I. G. 1866 à 1872, 1879.

des contributions directes par l'intermédiaire de la Trésorerie générale.

Ces états ou rôles sont pris en charge par les Percepteurs qui demeurent responsables de leur recouvrement. Il leur est accordé un délai de trois ans pour le recouvrement des contributions dont le détail suit :

Contributions directes;
Taxe des biens de mainmorte;
Redevances des mines;
Droits de vérification des poids et mesures;
Droits de vérification des alcoomètres et densimètres;
Droits de visite des pharmacies et magasins de droguerie;
Droits d'inspection des fabriques et dépôts d'eaux minérales;
Taxes sur les billards, chevaux, voitures et vélocipèdes;
Taxes sur les cercles, sociétés et lieux de réunion;
Taxe militaire;
Redevance pour la rétribution des délégués mineurs;
Droits d'épreuve et de vérification des appareils à vapeur et des récipients à gaz comprimé ou liquéfié;
Redevances pour frais de surveillance des fabriques de margarine et d'oléomargarine.
Poursuites pour le recouvrement des contributions.

Ce dernier compte est un compte d'avances, il figure à la page 6 de la Balance.

Pour les autres comptes, à l'exception du compte *Produit des amendes et condamnations pécuniaires,* dont les recouvrements s'opèrent encore par les Percepteurs et même par des Receveurs spéciaux dans les villes comme Paris, Bordeaux, Lyon, Marseille et Toulouse (L. 2 nov. 1873, art. 25), les recettes s'opèrent directement par la Trésorerie générale et les Recettes particulières au moyen d'ordres de versement émanant de différentes administrations.

Les titres de recettes sont conservés par la Trésorerie générale pour être produits ultérieurement à la Cour des comptes à l'appui du compte de gestion, 1ʳᵉ partie (Circ. 10 nov. 1880), sauf en ce qui concerne les services ci-après, pour lesquels les titres sont annexés au compte de gestion, 2ᵉ partie :

Reversements de fonds sur dépenses des ministères ;

Recouvrements poursuivis par l'agent judiciaire du Trésor ;

Recettes accidentelles à différents titres.

R. P. — Les recettes sur contributions et revenus publics (chapitres 2 et 3 de la balance) sont constatées journellement dans les écritures des receveurs particuliers au compte *Recette particulière, S/C de recouvrements journaliers* et sont transportées aux comptes auxquels elles appartiennent en fin de dizaine. Ces comptes sont, comme pour la Trésorerie générale, toujours soldés.

Correspondants du Trésor et avances pour divers services.

Sous ce titre général on comprend les comptes placés à la page 6 de la balance, à l'exception des comptes *Mandats sur le Caissier du Trésor* et *Remboursements à des comptables hors de fonctions.*

Parmi ces comptes, il en est qui se transportent au compte courant du Trésor et d'autres qui ne se transportent pas.

Les comptes qui se transportent au compte courant du Trésor sont tous les comptes placés à la page 6 de la balance, à l'exception du compte *Caisse des dépôts et consignations.*

Le solde existant en fin de dizaine sur les opérations de la dizaine du *Service départemental* est transporté au compte courant du Trésor par l'intermédiaire d'un compte d'ordre intitulé : *Fonds libres du service départemental.*

Les comptes placés sous la rubrique : *Fonds placés au Trésor* sont transportés pour l'intégralité des recettes et pour l'intégralité des dépenses au compte courant du Trésor en fin de dizaine, et ce transport a lieu par l'intermédiaire du compte *Fonds libres sur dépôts au Trésor.*

Les quatre comptes ci-après :

Recouvrements pour le compte du Trésorier général des Invalides de la marine;

Circ. 3o sept. 1862, V; — 15 oct. 1864, IX; — 13 juill. 1893 ; — 6 déc. 1881, V.

Recouvrements pour le compte de la Légion d'honneur ;

Paiements pour le compte du Trésorier général des Invalides de la marine ;

Paiements pour le compte de la Légion d'honneur ;

sont soldés chaque dizaine par le transport au compte courant du Trésor.

Le montant des recettes et des dépenses effectuées aux comptes relatifs aux emprunts est transporté chaque dizaine au compte courant du Trésor par l'intermédiaire du compte *Fonds libres sur emprunts.*

Les autres comptes compris sous la rubrique : *Correspondants divers et avances pour divers services* sont également transportés au compte courant du Trésor par l'intermédiaire d'un compte d'ordre intitulé : *Fonds libres sur correspondants du Trésor et sur avances,* mais pour le solde seulement qui ressort du total des différents comptes en fin de dizaine.

(Le compte courant du Trésor est débité ou crédité par le crédit ou le débit des comptes *Fonds libres sur...* suivant que le solde des différents comptes se trouve, pour la dizaine, débiteur ou créditeur. Le montant figure sur les avis décadaires transmis à la fin de chaque dizaine au Mouvement général des fonds.)

R. P. — Les receveurs particuliers transportent, en fin de dizaine, au crédit du compte courant du Trésorier général toutes les recettes constatées aux comptes des correspondants du Trésor et avances pour divers services.

Cotisations municipales et particulières.

I. G. 1922, 1923.
Circ. 21 juin 1863, V ; — 31 mars 1868, II ; — 28 mai 1875, III ; — 15 mai 1888, II ; — 8 janv. 1890, II ; — 29 mai 1890, VIII ; — 30 déc. 1890, I ; — 10 mai 1894, VI ; — 18 janv. 1892, IV.

En vertu de règlements et décisions concertés entre les Ministères de l'intérieur et des finances, les Trésoriers généraux sont chargés de centraliser à leur caisse les produits des *Cotisations municipales et particulières* dont la nomenclature se trouve à l'article 611 de l'Instruction générale.

Les recouvrements se font au moyen d'états remis par la Préfecture et qui sont pris en charge comme titres de perception. Il est délivré des récépissés pour les recettes constatées à ce compte.

Diverses modifications ont été apportées à la nomenclature des comptes mentionnés à l'article 611 de l'Instruction générale:

Les contingents, soit des familles, soit des communes pour l'entretien des aliénés sont centralisés depuis 1872 au C/ du *Budget départemental.* Circ. 31 janv. 1872, H.

Il en est de même des ressources pour les travaux d'intérêt commun. (Circ. du 27 juill. 1870.)

Les dépenses des différents chapitres du compte *Cotisations municipales et particulières* sont acquittées au moyen de mandats de paiement délivrés par le Préfet; ils parviennent à la Trésorerie générale appuyés d'un bordereau d'émission (mod. 163, Instr. gén.) pour être visés.

Les Trésoriers généraux ne doivent toutefois viser les mandats qui leur sont présentés que si les ressources spéciales centralisées au compte des *Cotisations municipales et particulières* sont suffisantes pour faire face à la dépense. Il convient, d'ailleurs, de veiller à ce que les contingents à fournir par les communes soient versés en temps utile.

Les sommes restant à payer sur les divers paragraphes de cotisations municipales et particulières ne doivent pas être transportées au C/ des *Reliquats provenant de divers services.* Ces restes doivent être maintenus à leurs paragraphes respectifs jusqu'à ce qu'ils soient atteints par la prescription dans les conditions édictées par le Code civil. Ils sont alors annulés par le Préfet au bénéfice des communes qui avaient fourni les ressources destinées à les acquitter.

Le chapitre 15 : *Fonds commun provenant des amendes de police correctionnelle,* à l'exception des autres chapitres, est tenu par exercice. Il comprend trois articles : 1° *Reliquats des exercices antérieurs ;* 2° *Exercice précédent ;* 3° *Exercice courant.*

La balance au 31 décembre (cadre 11) ne doit pas présenter de solde à l'article *Exercice précédent.* Il est donc nécessaire, à la fin de chaque année, de transporter le solde existant à l'article *Reliquats*

des exercices antérieurs, au moyen d'une écriture de recette et de dépense, au C/ *Cotisations municipales et particulières* (en faisant, bien
entendu, intervenir la Recette particulière).

R. P. — Dans les écritures des receveurs particuliers, le compte
Cotisations municipales et particulières étant un compte annuel, est
arrêté tous les ans au 31 décembre. Les restes à recouvrer à cette date
sont reportés d'office au compte de l'année suivante et ils sont, après
décision préfectorale, soit admis en non-valeur et déduits des titres,
soit maintenus à l'exercice courant au titre duquel ils sont recouvrés.

Dégrèvements sur la pension des élèves des écoles du Gouvernement.

I. G. 277 et 278.
Circ. 20 déc. 1862, VII; —
20 sept. 1866, VII.

Les parents des élèves renvoyés ou décédés ne sont astreints au
paiement de la pension que jusqu'au jour du départ des élèves [1].
Conséquemment, ils ont droit au remboursement de la portion de
pension qu'ils auraient payée en trop. Les décharges sont accordées
au moyen d'états conformes au modèle n° 71 de l'Instruction générale,
dressés en double expédition par l'administration de l'école.

Le Trésorier général, au reçu de l'expédition de l'état de dégrève-
ment, en applique le montant au crédit du compte : *Pensions et trous-
seaux des élèves des écoles du Gouvernement* par le débit de : *Dégrèvements sur la pension des élèves des écoles du Gouvernement,* quand le prix
de la pension n'a pas encore été payé;

Ou au compte : *Excédents de versements sur contributions,* quand la
somme allouée en décharge a déjà été payée.

Il en délivre des récépissés qu'il adresse immédiatement à l'ayant
droit.

---

[1] Pour les élèves qui sont nommés officiers ou qui sont rendus à leur famille par suite
des examens de sortie, et qui ne pourraient quitter l'école qu'après le 30 septembre, leur
pension n'est également due que jusqu'au jour de leur départ de l'établissement.

L'état des dégrèvements, appuyé de déclarations de versements, justifie la dépense au compte : *Dégrèvements sur la pension des élèves des écoles du Gouvernement.*

A l'expiration de chaque trimestre, il est délivré par le Ministre des finances sur la Caisse des Trésoriers généraux des ordonnances de paiement destinées à régulariser les dépenses constatées pendant le trimestre expiré. Au reçu des lettres d'avis de ces ordonnances, le Trésorier général crédite le C/ *Dégrèvements sur la pension des élèves des écoles du Gouvernement* par le débit du C/ *Dépenses publiques.* Ces lettres d'avis, après avoir été signées, sont rattachées d'office aux états de dégrèvements et autres pièces déjà produites.

Dépenses publiques, exercice 19 .

Par décret du 21 novembre 1865, le service de la Recette générale et du Payeur a été confié à un seul comptable qui a pris le titre de Trésorier-payeur général. Ce comptable est tenu d'assurer le service sur tous les points du département avec le concours des Receveurs particuliers et Percepteurs sous ses ordres. Les mandats payables à la Caisse d'un Percepteur ou d'une Recette particulière doivent être, au préalable, soumis au visa du Trésorier-payeur général qui les revêt de son *Vu bon à payer.*

Les Receveurs des régies financières sont dispensés du paiement des mandats de dépenses publiques dans les localités où se trouve un Percepteur, sauf les jours où celui-ci est absent pour une cause réglementaire, mais ils sont tenus d'accepter pour comptant les pièces de dépenses que le Percepteur peut être dans la nécessité de leur verser pour assurer le paiement de mandats payables à sa Caisse, afin d'éviter le plus possible à la Trésorerie générale des envois de fonds aux Percepteurs.

Les mandats de dépenses publiques sont toujours payés pour le net, c'est-à-dire sous déduction des retenues soit pour pensions civiles, soit pour oppositions. Les retenues sont versées : les premières en fin de dizaine au compte : *Retenues sur traitement pour le service des*

Circ. 3o sept. 1862, III ; — 20 sept. 1866, V.

pensions civiles ; les secondes en fin de mois à un compte transitoire classé parmi les comptes de correspondants administratifs et intitulé : *Divers ; L/C de retenues à classer,* qui est lui-même soldé (sauf en ce qui concerne les retenues sur indemnités de rengagement des sous-officiers) par le transport dans la dizaine suivante au compte : *Caisse des dépôts et consignations.*

Dans les villes où il existe un Trésorier de la marine, les retenues opérées pour son compte sont également portées en fin de mois au compte : *Divers ; L/C de retenues à classer,* elles lui sont payées au débit du même compte (Circ. 20 sept. 1886, § 9).

Le compte : *Dépenses publiques,* qui est débité du montant des paiements effectués et du montant des retenues dont il est parlé ci-dessus est soldé chaque dizaine par transport au compte courant du Trésor.

R. P. — Les receveurs particuliers débitent le C/ *Pièces de dépenses* des paiements faits et le créditent du montant des envois à la Trésorerie générale.

Dépenses par virement pour remise de service.

Circ. 12 juill. 1876, VII.

Ce compte, ainsi que : *Recettes par virement pour remise de service* est employé pour décrire les opérations de virement nécessitées par les mutations de comptables (Circ. 12 juill. 1876, § 8).

Ces opérations donnent lieu à la délivrance de récépissés entre l'ancien et le nouveau comptable et sont portées respectivement au débit et au crédit de chaque Trésorier général.

Les avis à adresser au Mouvement général des fonds doivent toujours être signés par le Comptable qui demande à être débité, et non par celui qui a droit au crédit (Circ. du 12 juill. 1876).

Les écritures auxquelles donnent lieu les mutations de comptables sont décrites par la circulaire du 12 décembre 1864.

Dépôts en numéraire des soumissionnaires de fournitures et travaux.

Les soumissionnaires de fournitures ou de travaux entrepris pour le compte des communes sont astreints à un dépôt provisoire de fonds, en garantie du cautionnement auquel ils sont assujettis s'ils deviennent adjudicataires.

Il est délivré, lors du versement, un récépissé au compte *Dépôts en numéraire des soumissionnaires de fournitures et travaux,* et si le soumissionnaire est reconnu adjudicataire, le Trésorier général qui a reçu le dépôt provisoire en fait application au compte *Caisse des dépôts et consignations.* Le récépissé primitif est retiré des mains de la partie pour justifier, concurremment avec une déclaration de versement souscrite à ce dernier compte, la dépense constatée au compte *Dépôts en numéraire des soumissionnaires de fournitures et travaux,* et la partie reçoit en échange le nouveau récépissé (Circ. du 17 févr. 1879).

. Si l'adjudicataire ne s'est pas présenté dans les 10 jours de l'adjudication pour faire convertir son dépôt provisoire en cautionnement définitif, l'application doit être faite d'office au compte *Caisse des dépôts et consignations.* La dépense est justifiée par une déclaration de versement du dépôt provisoire et une déclaration de versement au compte *Caisse des dépôts et consignations* (Circ. 24 déc. 1861, VII — 15 juin 1864, IV).

Pour les services de la marine et pour ceux des manufactures nationales et des magasins de tabacs en feuilles, les chefs de service peuvent donner au Receveur des finances, dans les 10 jours qui suivent l'adjudication, un avis faisant connaître qu'il n'y a pas lieu de faire la conversion du dépôt en cautionnement, sauf à autoriser ultérieurement le Receveur à procéder au remboursement du dépôt, lequel continue, après l'expiration des 10 jours, à figurer au compte *Dépôts en numéraire des soumissionnaires de fournitures et travaux.*

Les soumissionnaires non reconnus adjudicataires sont remboursés

I. G. 526 à 529, 1020 à 1029, 1104, 1177 à 1185. Circ. 24 déc. 1861, VII; — 20 déc. 1862, XI; — 15 juin 1864, IV; — 16 août 1866, VII; — 1er févr. 1867, III; — 25 avril 1870, II; — 25 juin 1870, III; — 12 juill. 1876, IV; — 17 févr. 1879, III; — 23 déc. 1882, I; — 29 mai 1891, I.

de leur dépôt provisoire sur le vu du récépissé acquitté au dos, et revêtu de la mention prescrite, signée du fonctionnaire qui a présidé à l'adjudication.

Divers agents, L/C de retenues pour pensions civiles encaissées pour le compte du Receveur central de la Seine.

Circ. 31 mars 1890.
L. C. 27 mai 1891, I.

Ce compte est crédité des versements faits à titre de retenues pour pensions civiles dues exclusivement par les fonctionnaires et employés qui se trouvent dans la situation prévue par l'article 4, § 3, de la loi du 9 juin 1853, c'est-à-dire les agents qui, sans cesser d'appartenir au cadre permanent d'une administration publique et en conservant leurs droits à l'avancement hiérarchique, sont rétribués en tout ou partie sur les fonds départementaux ou communaux, sur les fonds des compagnies concessionnaires et même sur les remises ou salaires payés par les particuliers.

Ce compte doit être soldé tous les 10 jours par l'envoi d'un mandat sur le Trésor au Receveur central de la Seine.

Le récépissé fourni par ce comptable permet de justifier la dépense constatée au compte *Divers agents, L/C de retenues pour pensions civiles encaissées, etc...*

Divers comptables du département, L/C de mandats du Trésorier général.

I. G. 1144, 1146 à 1148, 2030.
Circ. 30 juin 1890, V ; — 15 déc. 1897, IX ; — 31 déc. 1897, IV ; — 15 juill. 1899.

Les Trésoriers généraux émettent des mandats sur les Receveurs particuliers, Percepteurs et Receveurs des revenus indirects pour faciliter sur les divers points du département l'acquittement de l'impôt, le paiement des dépenses, ainsi que la réalisation des fonds.

Ces mandats peuvent être émis par les Receveurs des finances sur la caisse des Percepteurs résidant dans les villes rattachées, pour l'encaissement des fonds qui deviennent disponibles et qui sont indiqués comme tels sur les situations journalières de caisse.

Les Receveurs particuliers peuvent être autorisés à tirer des mandats sur la caisse de la Trésorerie générale ou sur celles des Percepteurs ou Receveurs des régies financières de leur arrondissement (art. 747 et 1144 de l'Instr. gén.).

Les mandats sont extraits d'un carnet à souche dont le modèle est donné sous le n° 372 de l'Instruction générale.

Le timbre sec doit être apposé sur les mandats émis (Circ. 15 déc. 1897, IX).

Le compte *Divers comptables du département, L/C de mandats du Trésorier général* est crédité lors de la délivrance des mandats par le débit de la valeur reçue et il est débité lors du paiement à la partie intéressée.

R. P. — Dans les écritures des Receveurs des finances ce compte est débité en fin de dizaine au crédit du compte courant du Trésorier général (article spécial de transport).

Divers comptables, L/C de fonds en dépôt.

Ce compte, ouvert en 1873 parmi les correspondants administratifs, était d'abord destiné à constater la recette des fonds remis en dépôt par les secrétaires des facultés de la Seine, certains Receveurs municipaux et les gérants intérimaires. Circ. 22 déc. 1875, V.

On y constate depuis 1875 les versements de fonds excédant les besoins des écoles d'arts et métiers. Les versements et les retraits doivent toujours être fractionnés par sommes rondes de 1,000 fr. ou multiples de 1,000 fr.

Divers condamnés, L/C de remboursements de sommes indûment versées.

Il arrive que la vérification, par l'administration de l'Enregistrement, des extraits de jugement, fait ressortir des erreurs dans l'établissement desdits extraits. Circ. 13 mars 1877, VIII; — 31 janv. 1890, III; — 20 mars 1899.

L'Instruction des amendes de 1895 prescrit aux Trésoriers généraux de procéder, pour la régularisation des différences reconnues, par voie de dépense quand l'erreur existe au préjudice du condamné; c'est-à-dire que le remboursement doit être constaté au débit du compte ci-dessus, sur une déclaration de versement acquittée au bas, appuyée d'un certificat de réduction établi par le Greffier et visé contradictoirement par un agent de l'Enregistrement.

Dans les 10 premiers jours de chaque trimestre, les Trésoriers généraux transmettent ces déclarations de versement, appuyées d'un état récapitulatif (mod. n° 1, circ. du 20 mars 1899), à la Direction générale de la Comptabilité publique qui provoque ensuite une ordonnance de remboursement du montant des frais de justice et des 20 p. 100 attribués au Trésor, au nom du Trésorier général intéressé et à charge par lui de faire recette du montant au compte précité.

Les 80 p. 100 du principal de l'amende attribuée au fonds commun et le coût de l'extrait, s'il y a lieu, sont remboursés, au moyen d'un mandat préfectoral, sur le crédit du compte *Cotisations municipales et particulières.*

Divers, L/C d'abonnements au « Journal officiel ».

I. G. 716.
Circ. 15 déc. 1897, IV. —
15 juill. 1899, VII.

Lorsque les Trésoriers généraux sont avisés du débit qui leur a été donné d'office en compte courant, à l'occasion du paiement du prix des abonnements entre les mains du Caissier, agent comptable des journaux officiels, ils créditent le compte *Remises du Caissier du Trésor* par le débit du compte *Divers, L/C d'abonnements au* Journal officiel.

Ce dernier compte est crédité au fur et à mesure des versements effectués par les abonnés, à qui il est remis des récépissés timbrés à o fr. 25 c., sauf dans le cas où la dépense est à la charge de l'État (Circ. 15 juill. 1899, VII).

R. P. — Dans les écritures des Receveurs particuliers ce compte est soldé en fin de dizaine par le transport au crédit du compte du Trésorier général.

Divers, L/C d'achats de rentes sur l'État.

Ainsi qu'il est dit au chapitre *Bordereaux d'achats de rentes remis par la Caisse centrale,* les fonds versés par les particuliers ou par les Percepteurs-receveurs municipaux pour le compte des communes ou des particuliers sont reçus au crédit du compte *Divers, L/C d'achats de rentes sur l'État.*

Il est délivré, à cet effet, une reconnaissance extraite d'un carnet à souche dont le modèle est donné à l'appui de la circulaire du 20 mars 1865. La colonne du livre à souche doit être additionnée journellement et doit présenter toutes les recettes constatées au crédit du compte *Divers, L/C d'achats de rentes sur l'État.* Si, lors du règlement avec la partie, il y a lieu à un versement complémentaire du prix d'achat, il est délivré à la personne une reconnaissance complémentaire qui, comme la précédente, est assujettie au timbre de o fr. 10 c. quel qu'en soit le montant (¹).

Il convient que la décharge des titres soit souscrite sur la reconnaissance complémentaire (21 juillet 1893, VIII).

Il doit, en outre, être fait une mention de référence sur la reconnaissance primitive et sur la souche des deux reconnaissances.

Les reliquats d'achats de rentes non réclamés peuvent être versés à la Caisse des dépôts et consignations, en vertu d'une autorisation spéciale de la Comptabilité publique.

La déclaration de consignation à souscrire par les Trésoriers généraux devra faire mention de cette autorisation et énoncer que le dépôt ne pourra être retiré par le déposant sans le concours de l'ayant droit que sur une nouvelle autorisation spéciale de la Comptabilité publique.

Pour les achats de rentes effectués par l'intermédiaire des Percep-

I. G. art. 1156 à 1158, 1370, 2035 et 3036.

Circ. 20 mars 1865, XIII, XIV ; — 27 mars 1865, V ; — 22 sept. 1865, IV ; — 20 nov. 1867, XVI ; — 8 mai 1872, IV ; — 16 juill. 1874, V ; — 11 mai 1875, II ; — 28 mai 1875, II ; — 11 déc. 1875, III ; — 15 févr. 1878, III ; — 1ᵉʳ août 1881, I ; — 16 juin 1883, III ; — 17 juin 1886, I ; — 20 sept. 1887, II ; — 30 juin 1890, II ; — 1ᵉʳ sept. 1891, II ; — 21 juill. 1893, VIII ; — 27 avril 1900 ; — 30 juin 1900, III.

---

(1) Les reconnaissances de dépôts de fonds faits par les communes et les établissements de bienfaisance pour achats de rentes ne sont passibles que d'un seul timbre-quittance. (Solution délibérée en la Chambre du Conseil de la Cour des comptes, séance du 3 novembre 1899 [*Revue des services financiers,* août 1901].)

teurs, dans les conditions prévues par la circulaire du 27 avril 1900, les Receveurs des finances continuent à souscrire, pour ordre, des reconnaissances à souche, non timbrées, dans la forme ordinaire.

A la réception des pièces adressées par les Percepteurs, les Receveurs des finances créditent le compte *Divers, L/C d'achats de rentes,* en débitant le compte *Percepteurs, L/C d'envois de fonds pour le service du Trésor.*

Divers, L/C d'arbitrages de rentes.

Circ. 3o juin 1890, II.

Dès la réception des bordereaux de négociation relatifs à un arbitrage de rente, le Trésorier général doit immédiatement, et le jour même où il souscrit son récépissé à titre de *Remises du Caissier du Trésor* pour le montant des bordereaux d'achats, créditer le compte *Divers, L/C d'achats de rentes* du montant du produit de la vente et délivrer une reconnaissance extraite du registre à souche spécial (pour l'arrondissement chef-lieu), par le débit, savoir : du compte *Divers, L/C d'arbitrages de rentes* pour les opérations de l'arrondissement chef-lieu, et du compte courant des Receveurs particuliers pour les arbitrages effectués chez ces comptables.

A la réception du bordereau de vente les Receveurs particuliers constatent son entrée en portefeuille selon la forme habituelle et débitent du montant de ce bordereau le compte *Divers, L/C d'arbitrages de rentes* par le crédit du compte *Divers, L/C d'achats de rentes.* Ce dernier compte est soldé en fin de dizaine par le transport au crédit du compte courant du Trésorier général. Quant au compte *Divers, L/C d'arbitrages de rentes,* il est soldé, *au moment du règlement de l'opération avec la partie,* par le débit du compte *Pièces de dépenses,* lequel débit est justifié par la quittance de vente donnée sur la reconnaissance de dépôt.

Divers, L/C d'arrérages de rentes italiennes.

Lettres particulières adressées aux Receveurs gé-

Ce compte a été créé pour constater le paiement des arrérages des rentes italiennes nominatives inscrites dans les départements de la Savoie, de la Haute-Savoie et des Alpes-Maritimes, lors de l'annexion de ces départements à la France en 1860. néraux des 3 départements.

Un mois avant l'échéance, les rentiers souscrivent une quittance du montant des arrérages et il leur est délivré en échange une reconnaissance de cette quittance.

Les acquits sont adressés mensuellement à la Direction générale de la Comptabilité publique, qui fait procéder à leur encaissement auprès du Trésor italien. Les fonds sont versés à la Caisse centrale, qui en délivre récépissé aux Trésoriers généraux des départements susindiqués.

Les Trésoriers généraux font emploi des récépissés du Caissier du Trésor au crédit du compte *Divers, L/C d'arrérages de rentes italiennes*, en faisant intervenir la Recette particulière.

Les quittances, par duplicata, données par les rentiers au bas de la reconnaissance qui leur a été délivrée, justifient le débit du compte *Divers, L/C d'arrérages de rentes italiennes*.

Les restes à payer à l'expiration de la deuxième année sont transportés, suivant la forme habituelle, au compte *Reliquats provenant de divers services*.

Divers, L/C de bons du Trésor à rembourser.

Ce compte est crédité du montant des bons déposés pour remboursement, par le débit du compte *Valeurs représentatives*. Circ. 30 mars 1865, IV, V; — 30 juin 1869, II; — 10 déc. 1872, I, II; — 15 déc. 1875, IV; — 11 avril 1878.

Il est débité par *Caisse* pour les remboursements effectués dans l'arrondissement chef-lieu, ou par le compte courant des Receveurs particuliers pour les bons remboursés dans les arrondissements de sous-préfectures.

Divers, L/C de fournitures de l'Imprimerie nationale.

Les fournitures faites par l'Imprimerie nationale sont portées d'office au débit du compte courant des Trésoriers généraux, qui en recouvrent I. G. 1150, 2032 à 2034. Circ. 25 juin 1862, III; — 28 mai 1867, IV; — 26 août 1879, III ; — 3o juin 1890, XI ; — 29 mai 1897, VI.

le montant au crédit du compte *Divers, L/C de fournitures de l'Imprimerie nationale.*

Pour les fournitures faites aux départements, il est convenu que l'Imprimerie établit chaque année, dans le courant du mois de janvier, un bordereau des sommes dues et que ce bordereau, après avoir été visé à la Comptabilité publique, est payé en numéraire à l'Imprimerie nationale, qui remet autant de quittances à souche qu'il y a de départements débiteurs. Ces quittances sont adressées aux Trésoriers généraux des départements intéressés par le Caissier central du Trésor, qui porte le montant au débit de leur compte courant.

L'Imprimerie nationale est également chargée des fournitures concernant le service de l'administration pénitentiaire, les livres à souche des lycées, les documents nécessaires à la gendarmerie. Pour ces fournitures comme pour les précédentes, le compte courant du Trésorier général est débité d'office.

Sur justification de l'impossibilité du recouvrement, les Trésoriers généraux sont crédités des sommes non recouvrées.

Les quittances à souche sont adressées, comme les précédentes, au Trésorier général, qui les annexe au mandat de dépenses, lors du remboursement par l'administration intéressée.

Une déclaration de versement, souscrite au compte *Remises du Caissier du Trésor,* justifie la dépense au compte *Divers, L/C de fournitures de l'Imprimerie nationale.*

Divers, L/C d'inscriptions nominatives déposées pour échange.

Circ. 3i oct. 1884, II.

Les inscriptions nominatives de rentes à échanger à la Direction de la Dette inscrite sont constatées dans les écritures au moyen des deux comptes d'ordre :

Inscriptions nominatives de rentes à échanger ;

Divers, L/C d'inscriptions nominatives déposées pour échange.

Le premier de ces comptes est débité au crédit du second du montant, en rentes, des inscriptions déposées. Une écriture en sens inverse est passée lors du retrait de ces titres.

Le crédit du compte *Divers, L/C d'inscriptions nominatives déposées pour échange* est justifié par une déclaration mensuelle de recette, et le débit par les reconnaissances de dépôt acquittées par les parties.

Divers, L/C de paiements à présentation.

Aux termes de l'article 681 de l'Instruction générale, les Trésoriers-payeurs généraux ne sont pas tenus de payer immédiatement les arrérages de rentes ou pensions non inscrites dans le département. Toutefois, ils peuvent effectuer le paiement sans délai, quand les porteurs des inscriptions sont connus du Trésorier général ou lui donnent la preuve de leur identité (Circ. 10 déc. 1864, § 5). Les paiements de cette nature, ainsi que les paiements des mandats de *toute nature*, effectués à présentation pour le compte d'autres départements, sont imputés, depuis la circulaire du 30 avril 1897, au compte spécial *Divers, L/C de paiements à présentation*.

On impute aussi à ce compte le montant :

1° Des mandats de solde des fonctionnaires et agents du service local des colonies en congé, préalablement visés par le Trésorier général du département du port de débarquement, qui comptabilise les mandats de l'espèce (Circ. 27 janv. 1900) ;

2° Des pensions servies par la Caisse de retraite des services civils locaux de l'Indo-Chine, pour lesquelles les acquits sont transmis mensuellement à la Direction générale de la comptabilité publique (Lettre Compt. publ. 3 janv. 1900, n° 1).

Pour ces deux natures de paiements, la dépense à constater au compte *Divers, L/C de paiements à présentation* comprend le montant du mandat et le coût du timbre-quittance, qui est à la charge de la colonie.

Ce compte est crédité à la réception du mandat sur le Trésor, adressé par le Trésorier général du département pour le compte duquel les paiements ont été effectués.

Circ. 10 déc. 1872, I ; — 26 avril 1873, VIII ; — 3 déc. 1873, IV ; — 27 janv. 1900 ; — 30 avril 1897, III.

Divers, L/C de paiements à régulariser.

Circ. 15 oct. 1864, V ; — 27 avril 1867, III ; — 3 février 1869, III ; — 16 oct. 1870, III ; —8 janv. 1872, III ; — 26 avril 1873, VIII ; — 12 juill. 1876, VIII ; — 16 juin 1883, III ; — 12 juill. 1888, I ; — 3o juin 1890, III ; — 18 janv. 1892, I ; — 23 mars 1892, V.

De même qu'il existe parmi les comptes des correspondants administratifs de la Trésorerie générale un compte destiné à recevoir les recettes ayant une destination incertaine ou faites pour le compte de divers et intitulé : *Divers, L/C de recettes à classer,* de même il existe un compte pour les paiements qui ne peuvent recevoir immédiatement leur imputation définitive, soit que les justifications réglementaires n'aient pu être produites, soit qu'il y ait lieu de constater un paiement d'avance devant donner lieu à l'émission d'un mandat de dépenses publiques (taxes à témoins, indemnités aux délégués sénatoriaux, paiements faits avant l'ouverture d'un exercice sur réquisition des sous-intendants militaires, primes à la sériciculture, etc.), soit qu'il s'agisse d'une dépense effectuée, à titre exceptionnel, sans crédit correspondant.

Divers, L/C de placements en bons du Trésor.

Circ. 20 mars 1865, II ; — 8 août 1876, IV.

Les sommes versées par les particuliers pour demandes de bons du Trésor sont reçues au crédit du compte *Divers, L/C de placements en bons du Trésor.* La demande est transmise le jour même au Caissier-payeur central, qui, l'émission effectuée, débite le compte courant du Trésorier général.

Au reçu de l'avis de débit qui est adressé par le Caissier-payeur central, la Trésorerie générale fait recette au compte *Remises du Caissier du Trésor* et dépense au compte *Bons du Trésor, remis par le Caissier du Trésor.* Ce dernier compte est un compte de portefeuille et se trouve placé à la page 2 de la balance.

Lors de la remise des bons à la partie (arrondissement chef-lieu), il est passé l'écriture suivante :

Divers, L/C de placements en bons du Trésor
    à *Bons du Trésor remis par le Caissier du Trésor.*

Si les bons sont remis dans un arrondissement de sous-préfecture,

le compte *Divers, L/C de placements en bons du Trésor* est débité par
le crédit du compte du Receveur particulier.

R. P. — Écritures des Receveurs particuliers (*Voir Bons du Trésor*).

Divers, L/C de recettes à classer.

A ce compte, on transporte généralement les recettes dont la destination est incertaine (Circ. 6 juill. 1864) ou celles provenant de changement d'imputation.

Pour la première catégorie de ces recettes, le Trésorier général doit
aviser la Direction générale de la comptabilité publique.

Une circulaire du 20 novembre 1867 a prescrit aux Trésoriers généraux de faire intervenir le compte *Divers, L/C de recettes à classer*
pour tout changement d'imputation, donnant lieu à un remboursement
en numéraire, sauf pour les services de la Caisse des dépôts et de la
Légion d'honneur. De cette manière, la recette est retirée du compte
où elle figurait à tort et est transportée au crédit du compte *Divers,
L/C de recettes à classer*. Le remboursement a lieu au débit de ce
compte.

Il est fait exception à cette règle pour les réductions de recettes
concernant les comptes *Caisse des dépôts et consignations* et *Recouvrements pour le compte de la Légion d'honneur*. Pour ces deux comptes,
le système d'annulation de recettes est maintenu (Circ. 30 déc. 1867).

Circ. 6 juill. 1864, II et III ;
— 15 oct. 1864, XI ; —
10 déc. 1864, III ; — 20
nov. 1867, V ; — 18 janv.
1892, III.

Divers, L/C de restitutions au Trésor.

Par un arrêté du 6 mars 1880, le Ministre des finances a prescrit
les dispositions suivantes relativement aux restitutions anonymes à
l'État :

1° Un avis sera inséré au *Journal officiel,* faisant connaître le lieu,
la date et le montant des restitutions ;

2° Cet avis sera publié, pour les restitutions effectuées à la Caisse

Circ. 11 mars 1880, I.

centrale, le lendemain du .jour de l'encaissement des fonds par le Caissier central du Trésor; pour les restitutions effectuées à toutes les autres caisses, dans un délai variable en raison des distances.

Pour assurer l'exécution de cet arrêté, les Receveurs particuliers font recette des fonds au compte précité et transmettent le même jour le récépissé souscrit au Trésorier général, qui le fait parvenir aussitôt au Caissier central. Ce dernier débite d'office le compte courant du Trésorier général. Au reçu de l'avis de débit, il est fait recette au compte *Remises du Caissier du Trésor* et dépense au compte *Divers, L/C de restitutions au Trésor* (Art. 1129 Instr. gén. et Circ. 11 mars 1880).

R. P. — Dans les écritures des Receveurs particuliers ce compte est soldé par le transport au crédit du compte courant du Trésorier général.

Divers, L/C de retenues à classer.

Circ. 20 sept. 1866, II ; — 20 sept. 1887, III ; — 29 juin 1894, VII et VIII.

Ainsi qu'il est dit au chapitre des *Dépenses publiques*, le Trésorier payeur général constate au compte *Divers, L/C de retenues à classer*, les retenues à verser au Trésorier des Invalides de la marine ou celles exercées en vertu d'oppositions juridiques. Cette constatation donne lieu à la délivrance de récépissé. En fin de dizaine, le compte *Divers, L/C de retenues à classer* est soldé, soit par le transport au C/ *Caisse des dépôts et consignations*, pour les retenues opérées en vertu d'oppositions juridiques, soit par le paiement au Trésorier de la marine pour celles exercées pour son compte.

On constate également au compte *Divers, L/C de retenues à classer*, les indemnités de rengagement des sous-officiers, frappées d'oppositions. Les indemnités restant à payer sont versées au compte *Reliquats provenant de divers services* au 31 décembre de la seconde année de l'exercice (Circ. 20 sept. 1887 et 29 juin 1894).

Divers, L/C de retenues pour la Caisse des retraites de la vieillesse.

Ce compte, qui suit une marche analogue à celle du compte ouvert sous le titre *Caisse des retraites pour la vieillesse, S/C de versements des intermédiaires,* est destiné à centraliser les retenues exercées sur le traitement des préposés des forêts communales et d'établissements publics, des porteurs de contraintes, des cantonniers et des agents temporaires des ponts et chaussées.

Circ. 17 mars 1860; — 3o sept. 1862, XV; — 15 mai 1863, VI; — 29 févr. 1864, V; — 22 sept. 1865, VI; — 22 juin 1866, II; — 31 janv. 1899, VII.

Divers, L/C de soldes de gestion.

Les soldes existant sur les livres de l'ancien Trésorier général aux comptes de la Caisse des dépôts et consignations et des correspondants de la Trésorerie générale sont transportés à la nouvelle gestion au moyen du compte *Divers, L/C de soldes de gestion,* et le solde débiteur ou créditeur de ce dernier compte est rapporté par balance d'entrée dans les écritures du nouveau Trésorier général, qui lui-même crédite ou débite, aussitôt après, le compte dont il s'agit pour les récépissés qu'il délivre à son prédécesseur ou pour ceux qu'il reçoit de lui.

Circ. 12 déc. 1864, XXVII et LII.

Il en résulte conséquemment que le compte *Divers, L/C de soldes de gestion* doit toujours être soldé sur les balances du nouveau Trésorier général.

Divers, L/C de titres de rentes au porteur et mixtes déposés pour échange.

Ce compte est crédité pour le montant en rentes des titres au porteur et mixtes déposés pour renouvellement ou transfert, et débité lors de la remise des nouveaux titres aux parties. Le solde qui ressort

Circ. 31 oct. 1884.

à ce compte doit être égal au total des soldes débiteurs existant aux comptes ci-après :

> Titres de rentes sur l'État à échanger ;
> Titres de rentes remis par la Dette inscrite ;
> Receveurs particuliers, L/C de titres de rentes ;
> Trésor, S/C de titres de rentes ;
> Percepteurs, L/C de titres de rentes mixtes à renouveler.

Les opérations transportées au crédit du compte *Divers, L/C de titres de rentes déposés pour échange* sont contrôlées au moyen d'un carnet à souche d'où sont extraites les reconnaissances délivrées aux parties. Le modèle de la reconnaissance à délivrer aux déposants a été donné par la circulaire du 27 septembre 1881.

R. P. — Dans les écritures des Receveurs particuliers le solde créditeur de ce compte est formé par les soldes débiteurs des deux comptes ci-après :

> Titres de rentes au porteur et mixtes sur l'État à échanger ;
> Titres de rentes échangés remis par le Trésorier général.

Divers, L/C de valeurs remises à l'encaissement.

Circ. 3o juin 1890, III ; — 15 juill. 1899, II ; — 8 févr. 1893, IV ; — 15 sept. 1901, VI ; — 20 décembre 1901, IV.

Il est délivré des récépissés à ce compte aux personnes qui déposent des valeurs (mandats divers ou quittances de rentes) dont le montant doit être encaissé à la Caisse centrale du Trésor public, ou dans un autre département (Circ. 3o juin 1890, 3).

Le dépôt est constaté au crédit du compte *Divers, L/C de valeurs remises à l'encaissement* par le débit du compte *Valeurs représentatives*, pour les valeurs payables à Paris, et du compte *Divers, L/C de paiements à régulariser*, pour les valeurs payables dans d'autres départements :

1° Lors de l'envoi des valeurs à Paris, le compte *Valeurs représentatives* est crédité par le débit d'un compte transitoire placé à la page 10 de la balance, intitulé : *Caisse centrale, S/C d'envois à vérifier*. En échange de la remise, il est adressé au Trésorier général un récépissé si les valeurs sont acceptées ou non ; en cas de non-acceptation des valeurs par la Caisse centrale, elles sont généralement retournées en même temps que le récépissé, qui alors sert de dépense correspondante à la recette que le Trésorier général est tenu de constater en délivrant son récépissé au Caissier central pour le montant du rejet.

Si les valeurs sont acceptées, le récépissé du Caissier central est considéré comme bonne et valable couverture, et comme tel porté au crédit du compte *Caisse centrale, S/C d'envois à vérifier* par le débit du compte *Envois au Caissier du Trésor*.

2° Pour les mandats payables dans d'autres départements, le compte *Divers, L/C de paiements à régulariser* est crédité par le débit de *Valeurs représentatives*, à la réception du mandat sur le Trésor émis par le Trésorier général du département pour le compte duquel les paiements sont effectués.

Les dépôts de rentes 3 p. 100 amortissables sorties au tirage sont, depuis la circulaire du 20 décembre 1901, constatés au crédit du compte : *Divers, L/C de valeurs à l'encaissement* par le débit du compte : *Caisse centrale, S/C d'envois à vérifier*.

Le paiement à la partie est constaté au débit du compte *Divers, L/C de valeurs remises à l'encaissement* et la dépense est justifiée par le récépissé souscrit à ce dernier compte et délivré à la partie lors du dépôt des valeurs. Il doit être acquitté au dos pour quittance.

R. P. — Dans les écritures des Receveurs particuliers ce compte est crédité par le débit des comptes *Pièces de dépenses* ou *Valeurs représentatives* selon que la valeur déposée concerne l'un ou l'autre de ces comptes.

Les valeurs remises à l'encaissement sont transmises, le jour même de leur dépôt, à la Trésorerie générale, appuyées d'un avis de débit, et les comptes débiteurs sont soldés par le débit du compte courant du Trésorier général.

Divers, L/C de ventes de rentes sur l'Etat.

I. G. 1159, 2037.
Circ. 20 mars 1865, XIII
et XIV ; — 27 mars 1865,
V ; — 22 sept. 1865, IV ;
— 24 déc. 1877, M. F. ;
— 1ᵉʳ sept. 1891, II.

Ce compte est ouvert aux correspondants de la Trésorerie générale pour constater au crédit le produit de la vente des titres de rentes et au débit le paiement de ce produit à la partie intéressée.

Il est fait recette du produit de la vente au moyen du récépissé remis par le Caissier-payeur central. Ce récépissé est constaté en dépense au compte *Envois au Caissier du Trésor*. Les reconnaissances qu'il est dans l'usage de délivrer aux parties lors du dépôt des titres sont extraites d'un carnet à souche (Circ. 20 mars 1865) et servent à justifier la dépense au compte précité, après avoir été acquittées.

Les produits de ventes de rentes non réclamés peuvent être versés à la Caisse des dépôts et consignations, en vertu d'une autorisation spéciale de la Comptabilité publique.

La déclaration de consignation à souscrire par les Trésoriers généraux devra faire mention de cette autorisation et énoncer que le dépôt ne pourra être retiré par le déposant, sans le concours de l'ayant-droit, que sur une nouvelle autorisation spéciale de la Comptabilité publique.

R. P. — A la réception des bordereaux de ventes les Receveurs particuliers créditent ce compte par le débit du compte de portefeuille *Bordereaux de ventes de rentes*. Une écriture inverse est passée pour constater la remise des bordereaux aux parties.

Divers, L/C de versements pour le service des enfants assistés.

I. G. 2052.
Circ. 28 févr. 1863, VI ; —
15 mai 1863, V ; — 21
juin 1863, VI à VIII ; —
20 août 1863, III ; — 15
oct. 1874, III.

Les Trésoriers généraux sont chargés d'effectuer les paiements des mois de nourrice des enfants assistés soit à la charge du département, soit à la charge des hospices.

Les paiements ont lieu en vertu d'états d'émargements dressés et ordonnancés au nom des créanciers. Ils parviennent au Trésorier général par l'entremise de la Préfecture qui, pour les sommes à la charge du département, émet un mandat dont il est fait dépense au C/ *Service départemental, exercice 19..,* et recette à *Divers, L/C de versements pour le service des enfants assistés.* Pour les sommes à la charge des hospices, elles sont versées en numéraire au crédit du même compte *Divers, L/C de versements pour le service des enfants assistés,* qui reste créditeur jusqu'à entier paiement des décomptes d'un même trimestre.

Le Trésorier général ayant reçu les fonds pour le paiement des décomptes, fait dépense à un compte spécial placé à la page 10 de la balance : *Enfants assistés, L/C d'avances,* pour les décomptes à payer dans des départements autres que le département débiteur, et recette au C/ *Mandats sur le Trésor.* Il délivre à cet effet un mandat sur le Caissier-payeur central et le transmet, appuyé des décomptes, au Trésorier général, chargé d'en effectuer le paiement. En échange de cette remise, il est adressé un récépissé comptable et les décomptes, une fois payés, sont retournés ultérieurement, appuyés d'un mandat sur le Trésor pour les sommes impayées.

Le Trésorier général conserve ces décomptes, après avoir accusé réception à son collègue (accusé de réception qui justifie pour ce dernier la dépense faite au compte *Divers, L/C de versements pour le service des enfants assistés*), jusqu'à ce que tous les décomptes du trimestre soient rentrés ; il passe alors l'écriture suivante pour les sommes impayées, s'il y en a, savoir :

1° *Divers, L/C de versements pour le service des enfants assistés, aux Suivants,*

pour constater au débit du premier compte le montant des sommes impayées sur décomptes d'enfants assistés payables dans le département ;

A *Service départemental, hors budget,*

pour les sommes mandatées sur les fonds du département et restées sans emploi ;

A *Divers, L/C de recettes à classer,*

pour les sommes versées par les hospices et restées sans emploi ;

2° *Valeurs représentatives doivent aux suivants,*
pour l'application aux comptes ci-après du montant des sommes restées sans emploi sur décomptes d'enfants assistés payables dans d'autres départements;

A Service départemental hors budget (mêmes motifs que ci-dessus);

A Divers, L/C de recettes à classer (mêmes motifs qu'à l'article précédent).

Les deux articles ci-dessus se passent par l'intermédiaire du compte
Recette particulière du chef-lieu, S/C de recouvrements journaliers.

Un article est passé ensuite pour rétablir, au crédit du budget départemental, le montant des sommes impayées:

Service départemental, hors budget,
à Service départemental, exercice 190 .

Contre-partie au compte crédité.

Enfin, un dernier article a pour effet de balancer le compte *Divers,*
L/C de versements pour le service des enfants assistés, qui a reçu les
fonds, avec le compte *Enfants assistés, L/C d'avances,* pour le montant
des paiements effectués dans le département et le montant des décomptes à payer dans les autres départements:

Divers, L/C de versements pour le service des enfants assistés à En-
fants assistés, L/C d'avances. Pour... etc.

Les décomptes relatifs au service départemental sont joints au mandat départemental et ceux concernant le service hospitalier sont remis
aux hospices contre leur accusé de réception.

Les récépissés des Trésoriers généraux, pour les paiements faits
dans les autres départements, et les accusés de réception des hospices
ou un certificat du Trésorier général constatant que les décomptes ont
été joints au mandat, pour les paiements des états du département,
justifient la dépense au compte *Divers, L/C de versements pour le ser-*
vice des enfants assistés.

Divers, L/C de versements sur taxes de brevets d'invention.

Circ. 15 déc. 1897.

A ce compte sont encaissés les versements faits à titre de première annuité pour un brevet à déposer, *lorsque les parties versantes ne donnent pas l'énonciation du titre du brevet.*

Chaque mois, les Trésoriers généraux adressent à la Préfecture un relevé des versements faits à ce compte et établissent un état destiné après visa préfectoral à former titre de perception au compte de revenus publics : *Taxe de brevets d'invention.*

Cet état, bien entendu, ne doit comprendre que les recettes directement appliquées à ce dernier compte, mais les Préfets auront à y ajouter le détail par arrondissement, numéro, etc., des récépissés délivrés sans affectation par les Receveurs des finances du département et produits pendant le mois à l'appui de demandes de brevets, de certificats d'addition ou de copies de brevets.

Au reçu de ces états, les Trésoriers généraux appliquent au crédit du compte *Taxes de brevets d'invention* le montant des récépissés inscrits par le Préfet et débitent en même temps, soit le compte *Divers, L/C de versements sur taxes de brevets d'invention,* soit le compte *Reliquats provenant de divers services,* dans le cas indiqué ci-après.

A l'époque du 31 décembre de l'année suivant celle pendant laquelle les récépissés sans affectation spéciale auront été délivrés, le montant des récépissés qui n'auraient pas été présentés sera porté au compte *Reliquats provenant de divers services* et ce compte sera lui-même soldé dans les conditions ordinaires par le crédit du compte *Valeurs du Trésor restant à rembourser depuis plus de cinq ans.*

Les dépenses du compte *Divers, L/C de versements sur taxes de brevets d'invention* sont justifiées par les récépissés souscrits tant au compte *Taxes de brevets d'invention* qu'au compte *Reliquats provenant de divers services* (¹).

Droits de permis de chasse.

L'article 6 de la loi du 2 juin 1875 a fixé à 28 fr. le prix des permis

Circ. 24 déc. 1861 ; — 10 sept. 1861 ; — 30 août. 1871, III ; — 26 juin 1875.

---

(1) L'état récapitulatif des versements reçus à titre de taxes des brevets d'invention, qui est fourni mensuellement au ministère du commerce, doit comprendre tous les versements effectués *dans le courant du mois,* qu'ils aient été reçus au chef-lieu du département ou dans les arrondissements de sous-préfectures (Circ. 25 septembre 1901, I).

de chasse : 18 fr. revenant à l'État et 10 fr. à la commune dans laquelle le demandeur du permis a son domicile ou sa résidence.

Les droits sont versés aux Percepteurs qui délivrent quittance à souche aux parties versantes. Les quittances pour permis de chasse doivent porter la mention suivante : *La présente quittance ne peut tenir lieu de permis.* Les permis sont délivrés par les Préfets et Sous-Préfets (Circ. 10 sept. 1861) sur la production de la quittance à souche, qui est adressée par le demandeur au Préfet ou au Sous-Préfet à l'appui de la demande.

Les formules de permis de chasse sont fournies par les Receveurs du Timbre, auxquels sont remises en paiement par le Préfet ou Sous-Préfet les quittances à souche, que ces receveurs versent comme pièces de dépenses à la Trésorerie générale ou à la Recette des finances, appuyées d'un mandat modèle n° 159 de l'Instruction générale, délivré par le Préfet ou Sous-Préfet et acquitté par le Receveur du Timbre.

En cas de rejet d'une demande de permis, le Préfet en avise la Trésorerie générale, et si le demandeur n'est pas débiteur envers l'État, le prix lui en est remboursé au débit du compte *Droits de permis de chasse,* et la dépense est justifiée par une ampliation de l'arrêté du Préfet, par la quittance de la partie donnée en marge de cette pièce, et par la quittance du Percepteur.

Il est tenu, à la Trésorerie générale, un carnet auxiliaire dont le modèle est donné sous le n° 367 de l'Instruction générale. Ce carnet présente, par exercice, la situation du compte *Droits de permis de chasse.*

L'excédent de recettes qui peut exister au 31 décembre de la deuxième année de l'exercice est transporté au compte spécial *Reliquats provenant de divers services.*

Droits perçus pour le compte des villes chefs-lieux d'arrondissement.

L. C. 16 mai 1896.

Les produits divers recouvrés par les Receveurs des finances en leur qualité de Percepteurs des villes chefs-lieux d'arrondissement, notamment la portion des droits de permis de chasse qui est attribuée aux communes, sont appliqués, à la fin de chaque journée, au compte *Droits perçus pour le compte des villes chefs-lieux d'arrondissement.*

Ces recettes sont transportées, en fin de dizaine, au compte courant du Trésorier général. A la même époque, le Receveur particulier débite le compte *Pièces de dépenses* au crédit du compte *Communes et établissements publics, L/C de fonds placés avec intérêts,* pour le montant des produits divers revenant à la ville, et s'en fait remettre par le Receveur municipal une quittance à souche, en échange du récépissé de placements. Cette quittance justifie, dans les comptes du Trésorier général, le débit du compte *Droits perçus pour le compte des villes chefs-lieux d'arrondissement.*

Ce compte est crédité et débité dans les écritures de la Trésorerie générale pour le montant des opérations constatées par les Receveurs particuliers.

Droits perçus sur déclarations de locations verbales.

Dans le but d'épargner aux contribuables des déplacements onéreux, il a été décidé que les Percepteurs seraient chargés, à partir du 1er octobre 1871, de la réception des déclarations de locations verbales des biens immeubles, ainsi que de la liquidation et de la perception des droits y relatifs. Cette intervention des Percepteurs qui, avant la circulaire du 19 septembre 1871, n'était que pour une période transitoire, est devenue par la suite une obligation de leur emploi. Il est alloué aux comptables une rémunération de 0 fr. 10 c. par déclaration.

Circ. 19 sept. 1871 ; — 8 janv. 1872, V ; — 10 déc. 1872, II.

Les formules sont fournies par l'Administration de l'enregistrement; elles sont imprimées sur papier blanc pour les déclarations à remplir par les propriétaires ou bailleurs de fonds.

Les sommes ainsi reçues sont versées à la Trésorerie générale par les Percepteurs, qui produisent à l'appui de leur versement les déclarations accompagnées d'un état dont le modèle est donné par la circulaire du 19 septembre 1871, et le montant en est encaissé au crédit du compte *Droits perçus sur déclarations de locations verbales.*

Ce compte est soldé, le premier jour du mois suivant, par le transport au compte *Versements des Receveurs de l'enregistrement;* il est délivré des récépissés à ce compte pour chacun des Receveurs pour le compte desquels les recettes ont été constatées; la Trésorerie générale adresse ces récépissés, ainsi que les déclarations, au Directeur de l'enregistrement qui, en échange, lui remet les quittances des divers Receveurs, pour justifier dans les écritures de la Trésorerie le débit du compte *Droits perçus sur déclarations de locations verbales.*

Écoles du Gouvernement, L/C de produits à classer.

I. G. 273, 274.
Circ. 28 févr. 1863, I; — 15 mai 1863, III; — 30 avril 1864, III; — 14 oct. 1886, VIII; — 20 mars 1886, VI; — 22 déc. 1873, I; — 30 oct. 1879, VI.

Aux termes des articles 273 et 274 de l'Instruction générale, les parents des élèves admis dans les écoles du Gouvernement ont la faculté de verser le prix de la pension de ces élèves à la caisse du Receveur particulier ou du Trésorier général de leur résidence.

Il est délivré un récépissé au compte *Écoles du Gouvernement, L/C de produits à classer,* et le montant en est transmis, en fin de dizaine, au Trésorier général du département où se trouve située l'école, en un mandat sur le Trésor.

Le récépissé de ce dernier justifie la dépense au compte précité.

Enfants assistés, L/C d'avances.

Circ. 26 avril 1873, VIII.

Comme il est dit au chapitre *Divers, L/C de versements pour le service des enfants assistés,* les paiements des mois de nourrices que les Trésoriers généraux sont tenus d'effectuer pour le compte des hospices ou des départements, sont constatés provisoirement au débit du compte *Enfants assistés, L/C d'avances* qui, en somme, n'est qu'un compte transitoire dont ni la recette ni la dépense ne se justifient à la Cour des comptes.

C'est pour ce motif que les paiements sont d'abord constatés à ce compte; ils ne sont généralement transportés au compte qui se justifie: *Divers, L/C de versements pour le service des enfants assistés,* que lorsque tous les décomptes d'un même trimestre sont rentrés, payés ou impayés, car, outre les récépissés des Trésoriers généraux qui justifient la dépense au compte *Divers, L/C de versements pour le service des enfants assistés,* il doit encore être produit un certificat constatant que les décomptes régulièrement acquittés ou appuyés de récépissés souscrits au compte *Service départemental* pour les sommes restées impayées, ont été joints aux mandats du service départemental.

Envois au Caissier du Trésor.

Sont constatés à ce compte les récépissés délivrés par le Caissier central du Trésor en échange d'envoi de pièces de dépenses payées pour son compte, de versements faits à la Banque de France par les Trésoriers généraux, ou de versements faits à Paris pour le compte des Trésoriers généraux par divers correspondants, tels que la Caisse des dépôts, le Crédit foncier ou la Ville de Paris, etc.

Ce compte est soldé, en fin de dizaine, par le transport au compte courant du Trésor; mais il n'en est pas fait mention dans les avis décadaires adressés au Mouvement général des fonds.

I. G. 1940.
Circ. 31 mai 1862, IX; — 11 déc. 1873, III.

Excédents de versements sur contributions.

Les excédents constatés dans les écritures des Percepteurs, en conformité des articles 208 à 218 de l'Instruction générale, sont versés par ces comptables à la Trésorerie générale ou à la Recette des finances, qui les porte en recette au compte *Excédents de versements sur contributions.*

Les sommes sont tenues à la disposition des parties intéressées, auxquelles le Percepteur doit donner avis dans les deux mois qui suivent la constatation au compte *Excédents de versements sur contributions.*

Le Percepteur peut également appliquer aux contributions directes et aux taxes privilégiées les excédents de versements: la quittance à souche du comptable, appuyée d'un état d'application certifié par le Percepteur, est acceptée par la Trésorerie générale ou la Recette des

I. G. 2039 à 2041.
Circ. 24 déc. 1861, VIII; — 23 janv. 1864, III; — 10 nov. 1864, I, II et III.

finances, comme pièce justificative de la dépense constatée au compte *Excédents de versements sur contributions*.

Sont également portés au compte des *Excédents de versements sur contributions* les recouvrements des salaires dus aux conservateurs des hypothèques pour les inscriptions hypothécaires prises en matière d'amendes.

Ces sommes sont tenues à la disposition des ayants droit par les Receveurs des finances au moyen de quittances préparées d'office par les Percepteurs, conformément à la circulaire du 10 novembre 1864, § 1er.

Sont encore constatés au compte *Excédents de versements sur contributions* les droits perçus par les agents comptables des établissements d'enseignement supérieur, et devenus remboursables.

Pour la constatation de ces excédents, il est remis au Percepteur, par les secrétaires-agents comptables, un état détaillé qui est, en somme, une copie du carnet que ces comptables tiennent pour la constatation dans leurs écritures des excédents. Au reçu de cet état, le Percepteur fait recette au compte *Excédents de versements sur contributions* et dépense au compte *Consignations de droits d'examen*.

Les Percepteurs remboursent aux parties intéressées et produisent les quittances de remboursement que la Trésorerie générale accepte comme pièces de dépenses au compte *Excédents de versements sur contributions*.

Les sommes non remboursées dans les écritures de la Trésorerie générale au 31 décembre de la deuxième année de leur constatation au compte *Excédents de versements sur contributions* sont transportées à un compte spécial intitulé : *Reliquats provenant de divers services,* où elles sont tenues à la disposition des parties intéressées pendant trois ans.

(Il est fait remarquer qu'aucune somme atteinte par la prescription quinquennale ne peut être remboursée [Circ. 31 déc. 1891, II]. La prescription de cinq ans se calcule à partir du premier jour de l'exercice sur lequel est imputée l'ordonnance.)

Facultés, L/C de produits à classer.

Les familles ont la faculté d'effectuer aux caisses de tous les Rece- Circ. 17 févr. 1883, VI.
veurs des finances le versement des produits universitaires à recouvrer
dans les départements par le Percepteur de la ville où l'acte scolaire
doit être accompli.

Ces recettes ont lieu sur la production des bulletins de versements,
délivrés par les secrétaires, et il en est délivré au titre du compte
Facultés, L/C de produits à classer, des récépissés distincts selon
qu'il s'agit de droits universitaires ou de consignations.

A la fin de chaque journée, les Trésoriers généraux transmettent à
leurs collègues, en un mandat sur le Trésor, à leur ordre, le montant
des sommes qui ont été encaissées dans les départements pour le
compte du Percepteur d'un autre département, chargé du recouvrement des droits universitaires.

Le mandat est accompagné d'un relevé journalier indiquant, par
faculté ou école, le numéro, la date et le montant des récépissés délivrés, le nom des parties versantes, les noms et prénoms des étudiants,
l'acte scolaire que chaque versement concerne et les numéros des
bulletins de versement, lesquels sont produits à l'appui.

En échange des mandats sur le Trésor qu'il a reçus de ses collègues,
le Trésorier général leur transmet les quittances à souche délivrées
par les Percepteurs, lesquelles servent à justifier le débit du compte
Facultés, L/C de produits à classer.

Fonds de concours pour dépenses d'intérêt public.

On encaisse à ce compte :

1° D'une façon générale, les sommes que les départements, les
communes ou les particuliers peuvent avoir à payer à l'État pour
concourir aux dépenses de travaux publics ;

2° Les versements effectués par les communes et les particuliers
pour la revision ou la conservation des matrices cadastrales ;

I. G. 313-314.
Circ. 21 juin 1863, I ; —
20 mars 1866, V ; — 16
août 1866, II, III ; — 31
déc. 1866, II ; — 21 janv.
1867, V ; — 30 déc. 1867,
V ; — 27 juin 1868 ; — 10
déc. 1868, IV ; — 8 juill.
1871, II ; — 30 mars
1877, V ; — 17 juin 1878,
II ; — 10 nov. 1880, XII ;

— 29 oct. 1881, VI ; — 18 nov. 1881, VI ; — 19 avril 1884, I ; — 28 févr. 1885, III ; — 3 avril 1885, IV ; — 11 sept. 1885 ; — 27 oct. 1885, II ; — 12 juill. 1888, IV.
L. C. 18 janv. 1888, II. Circ. 28 févr. 1889, II et III ; — 8 janv. 1890, V et VI ; — 31 janv. 1890, II ; — 1er sept. 1891, I ; — 21 mars 1892, II ; — 16 mai 1894, III et IV ; — 29 juin 1894, IV ; — 11 févr. 1895.

3° Les revenus et produits des dons et legs ainsi que les subventions allouées par les départements, les communes ou les particuliers et applicables au personnel, au matériel et aux bourses des facultés et écoles d'enseignement supérieur.

4° Les subventions accordées par les départements aux jeunes gens admis à l'école d'horlogerie de Cluses ;

5° Les recettes concernant le service des postes et télégraphes, pour les motifs ci-après : 1° arrérages de rentes affectées aux dépenses du laboratoire d'électricité ; 2° participation de diverses communes aux frais d'établissement des bureaux municipaux ; 3° construction et entretien des lignes télégraphiques d'intérêt privé ; 4° contribution de diverses villes aux frais d'installation de réseaux municipaux pour le service des eaux et des incendies ; 5° établissement et entretien des lignes télégraphiques et téléphoniques des compagnies de chemins de fer ; 6° contribution de la Société générale des téléphones aux frais d'établissement et d'entretien de son réseau ; 7° contribution des abonnés aux frais d'établissement et d'entretien des réseaux téléphoniques de l'État ([1]).

Les titres de perception du compte *Fonds de concours pour dépenses d'intérêt public* sont exclusivement formés par les Ministères intéressés et transmis aux Trésoriers généraux par la Direction générale de la comptabilité publique. Toute autre pièce, notamment un arrêté préfectoral, ne saurait en tenir lieu.

Il doit être pris en charge des titres de perception pendant la di-

---

([1]) Doivent être encaissées au compte *Reversements de fonds sur les dépenses des Ministères,* les sommes versées pour les motifs ci-après : 1° produits des sous-locations de locaux anciennement occupés par l'Administration des postes et télégraphes ; 2° remboursements par les compagnies de chemins de fer des frais de transport de dépêches ; 3° remboursement par diverses communes des indemnités de transit des dépêches télégraphiques ; 4° remboursement par diverses communes des frais de déplacement d'agents chargés de l'instruction télégraphique des Receveurs ; 5° remboursement des frais de service des boîtes dans les gares ; 6° remboursement des dommages causés aux lignes télégraphiques ; 7° remboursement de frais occasionnés par les déplacements de poteaux ; 8° remboursement de frais d'installation et de déplacement de sonneries de facteurs ; 9° remboursement de frais de surveillance des câbles téléphoniques et télégraphiques pendant les travaux ; 10° remboursement des frais d'entretien des piles. — Les récépissés, eux-mêmes, de ces versements doivent être transmis au Directeur des postes et télégraphes.

zaine même où ils parviennent à la Trésorerie générale : la mention à passer au Journal pour constater cette prise en charge ne doit donc pas être différée jusqu'au moment de la recette effective.

Lorsque des sommes sont offertes avant l'arrivée du titre de perception, elles sont néanmoins acceptées et portées en recette au compte des fonds de concours; mais le Trésorier général doit immédiatement en informer la Direction générale de la comptabilité publique, afin qu'elle puisse demander et faire parvenir à la Trésorerie générale le titre de perception nécessaire.

Toute recette effectuée à titre de fonds de concours doit, indépendamment du récépissé à remettre à la partie versante, donner lieu à la délivrance d'une déclaration de versement, laquelle est transmise immédiatement au Ministère compétent, sauf pour les services des postes et télégraphes, pour lesquels la déclaration est adressée au Directeur départemental.

Les restes à recouvrer qui ressortent au 31 décembre sont reportés sur les livres de la gestion suivante, sans qu'il soit nécessaire de constater ce report par une mention d'annulation au Journal supplémentaire de l'année expirée, ni par une mention de rétablissement au Journal de l'année courante.

Le compte *Fonds de concours pour dépenses d'intérêt public* est soldé tous les dix jours par le transport au compte courant du Trésor.

Fonds envoyés aux Trésoriers-payeurs généraux.
Fonds envoyés aux Trésoriers-payeurs d'Afrique.
Fonds reçus des Trésoriers-payeurs généraux.
Fonds reçus des Trésoriers-payeurs d'Afrique.

Ces quatre comptes, qui figurent à la page 7 de la Balance, sont exclusivement affectés à la constatation en recette et en dépense des réceptions et envois matériels de fonds.

Les fonds sont constatés provisoirement au débit du compte *Divers, L|C de paiements à régulariser* et ils ne sont imputés au

Circ. 6 déc. 1866; — 12 juill. 1876, VIII.

compte *Fonds envoyés*..... qu'à l'arrivée du récépissé du Trésorier qui a reçu les fonds.

Les opérations se transportent au compte courant du Trésor; mais, au lieu d'en faire figurer le montant sur les avis décadaires en fin de dizaine, le Trésorier général qui envoie les fonds adresse à la Direction du mouvement général des fonds une expédition du procès-verbal d'envoi; celui qui les reçoit, en délivrant récépissé au compte *Fonds reçus*....., récépissé qui est adressé au Trésorier qui les a envoyés pour justifier sa dépense, demande par lettre spéciale à la Direction du mouvement général des fonds à être débité au profit du Trésorier général qui lui a fait l'envoi.

Fonds envoyés aux Trésoriers-payeurs des colonies. Fonds reçus des Trésoriers-payeurs des colonies.

Circ. 6 déc. 1866; — 12 juill. 1876, VIII.

Les réceptions et envois matériels de fonds sont constatés dans les écritures des Trésoriers généraux au débit ou au crédit de ces deux comptes et sont justifiés par une expédition du procès-verbal d'envoi. Les fonds reçus donnent lieu à la délivrance de récépissés. Ces récépissés sont conservés par l'administration.

Les fonds envoyés par les Trésoriers-payeurs des colonies sont presque toujours destinés au Caissier-payeur central du Trésor; ce n'est que par exception et sur une autorisation spéciale que le compte *Fonds reçus des Trésoriers-payeurs des colonies* est employé dans les écritures des Trésoriers généraux.

Les opérations constatées aux deux comptes sont transportées, en fin de dizaine, au compte courant du Trésor et la Direction du mouvement général des fonds se trouvant avisée des envois de fonds : d'une part, par l'expédition du procès-verbal d'envoi que chaque comptable expéditeur est tenu d'adresser; d'autre part, par la demande de débit formée par le Trésorier qui a reçu les fonds, il n'y a pas lieu de les faire figurer sur les avis de fin de dizaine.

Fonds libres sur dépôts au Trésor.
Fonds libres sur correspondants du Trésor et sur avances.
Fonds libres du budget départemental.

Ces trois comptes sont employés dans les écritures de la Trésorerie générale pour transporter au compte courant du Trésor les opérations constatées aux comptes ci-après : Circ. 3o sept. 1862, V.

1° *Fonds placés au Trésor,* pour l'intégralité des recettes et des dépenses ;

2° *Correspondants du Trésor et avances pour divers services,* pour les soldes ressortissant à tous ces comptes ;

3° *Service départemental,* pour les soldes ressortissant à ce compte.

Les comptes qui se transportent ainsi au compte courant du Trésor par l'intermédiaire d'un compte *Fonds libres.....* sont des comptes qui ont des recettes et des dépenses et qui, par le fait, présentent des soldes. Ce serait faire disparaître ces soldes (qui pourtant doivent ressortir) que d'effectuer directement le transport au compte courant du Trésor sans l'intermédiaire du compte *Fonds libres.....*

Parmi les services du Trésor, les comptes qui présentent des soldes sont les suivants :

1° Les comptes placés sous la rubrique : *Fonds placés au Trésor,* dont l'intégralité des recettes et des dépenses est transportée au compte courant par l'intermédiaire du compte *Fonds libres sur dépôt au Trésor ;*

2° Les comptes des correspondants du Trésor et avances, qui sont transportés au compte courant du Trésor, quant aux soldes seulement, par l'intermédiaire du compte *Fonds libres sur correspondants du Trésor et sur avances ;*

3° Les comptes du *Service départemental,* dont les soldes sont transportés au compte courant du Trésor par l'intermédiaire du compte *Fonds libres du budget départemental.*

Les opérations transportées au compte courant du Trésor, le solde général ressortissant à chaque catégorie de comptes doit nécessairement se balancer avec le solde existant au compte d'ordre respectif.

8

Fonds particuliers.

I. G. 1188.
Circ. 19 nov. 1898.

Les fonds particuliers des Trésoriers généraux se composent des fonds personnels et des fonds déposés en compte courant par des particuliers.

Ces derniers doivent être versés intégralement au Trésor ; il est interdit aux Trésoriers généraux d'en faire un tout autre emploi. Les avances que les Trésoriers généraux font ainsi au Trésor sont soumises à des conditions qui sont déterminées annuellement par le Ministère des finances sur la proposition de la Direction du mouvement général des fonds.

La portion de fonds particuliers conservée en portefeuille reste à la disposition des Trésoriers généraux, mais ils sont tenus de représenter matériellement ces fonds aux Inspecteurs des finances s'ils en sont requis (art. 1188-1189 Instr. gén.).

La Trésorerie générale est tenue de centraliser les opérations des Receveurs particuliers dans ses écritures de la dizaine même pendant laquelle elles ont été faites.

R. P. — Les Receveurs particuliers ne peuvent se livrer à d'autres opérations que celles que commandent leurs fonctions officielles. Ils ne doivent faire aucune opération de banque autre que celles autorisées par le Trésorier général. Ils sont tenus de constater dans leurs écritures, sur des livres spéciaux, tous les mouvements de leurs fonds particuliers et de représenter ces livres au Trésorier général ou à l'Inspection des finances à première réquisition.

En règle générale le compte *Fonds particuliers* ne joue dans les écritures des receveurs des finances que pour leurs avances personnelles (solde des contributions, etc...). [Instruction générale, art. 1188 à 1192.]

Fonds placés au Trésor.

I. G. 756 à 774.
Circ. 15 oct. 1864, VI ; —

Les fonds appartenant aux communes et aux établissements publics, à l'exception de ceux visés par l'article 775 de l'Instruction générale, sont imputés au compte *Communes et établissements publics, L/C de fonds placés au Trésor, avec intérêts.*

Il est tenu, dans chaque Trésorerie générale ou Recette des finances, un compte courant pour les fonds placés avec et sans intérêts par les communes et établissements publics. Ce compte est ouvert par commune et établissement, et reçoit au crédit les fonds déposés et au débit les fonds retirés.

Pour les placements, comme pour les remboursements, les communes et établissements publics reçoivent, dans leur compte courant, valeur du *5ᵉ jour de la dizaine* du placement ou du remboursement.

Outre les avis que les Trésoriers généraux envoient à la fin de chaque dizaine au Mouvement général des fonds, conformément aux dispositions des articles 769 et 2001 de l'Instruction générale, ils adressent, à la fin de chaque semestre, des balances présentant par commune et établissement la situation des fonds placés avec et sans intérêts. Les totaux de ces balances sont reportés sur un état récapitulatif conforme aux modèles nᵒˢ 414 et 415 présentant les résultats généraux pour tout le département.

L'intérêt, à 1 1/2 p. 100, alloué en compte courant aux communes et établissements, est calculé au moyen des nombres. Le contrôle de ces nombres s'exerce pour les arrondissements de sous-préfecture au moyen d'avis décadaires où figurent, outre le montant par communes et établissements publics des fonds placés ou remboursés pendant la dizaine, les nombres afférents à chaque placement ou remboursement.

Les remboursements de fonds placés avec ou sans intérêts s'opèrent au moyen de mandats établis par l'ordonnateur et acquittés par le comptable.

Aux termes d'un décret en date du 25 décembre 1896, les communes, corps de troupes et établissements de toute nature autorisés à déposer leurs fonds libres au Trésor doivent avoir un carnet de compte courant, sur lequel les Receveurs des finances sont tenus, sous leur responsabilité, d'inscrire les dépôts et les retraits de fonds, et de mentionner, après chaque opération, le montant en toutes lettres du nou-

20 mars 1865, II; — 29 mai 1869, VI; — 18 nov. 1873, II; — 24 août 1878, VIII; — 17 mars 1879, III; — 5 juin 1879, III; — 29 juill. 1885, V; — — 20 sept. 1887, IV; — 13 mars 1888, II; — 21 déc. 1888, II; — 18 juin 1889, II; — 31 janv. 1890, VI; — 12 sept. 1890, II.
L. C. 7 déc. 1891, II.
Circ. 31 déc. 1896, VIII et IX; — 16 janv. 1897, III; — 19 févr. 1897, III; — 13 mars 1897, I; — 19 nov. 1898, V.

veau solde du compte courant dans leurs écritures. Chaque mention doit être signée par le Receveur des finances ou son fondé de pouvoirs et appuyée du timbre humide de la Recette des finances.

Les Percepteurs et Receveurs municipaux chargés de la comptabilité de plusieurs communes et établissements de bienfaisance comprennent les différents comptes courants dont ils ont la gestion sur un même carnet, en ayant soin de les séparer complètement et de réserver pour chaque commune ou établissement le nombre de pages nécessaire à l'inscription de toutes les opérations d'une année.

Enfin, pour donner satisfaction au désir exprimé à différentes reprises par l'Inspection générale des finances, et afin de permettre de s'assurer contradictoirement de la concordance entre les soldes créditeurs des comptes courants dans leurs écritures et les soldes correspondants dans les écritures des Receveurs municipaux, trésoriers d'établissements publics, économes, trésoriers de corps de troupe, etc., les Trésoriers généraux et les Receveurs des finances doivent établir, au dernier jour de chaque semestre, une situation conforme au modèle n° 8 de la circulaire du 26 décembre 1896 ou du modèle n° 1 de la circulaire du 13 mars 1897.

Cette situation, qui rappelle le solde du compte courant au dernier jour du semestre précédent, indique le montant des dépôts et des retraits effectués dans le cours des six derniers mois, et le nouveau solde au dernier jour du semestre : elle est transmise, suivant les cas, soit au déposant lui-même, soit au comptable chargé de la comptabilité de l'établissement dépositaire, soit, s'il s'agit d'un corps de troupes, à l'Intendant militaire chargé de l'administration dudit corps, pour être retournée, revêtue d'un visa de conformité, au Receveur des finances dans un délai de quinze jours.

Les situations des comptes courants sont conservées par les Receveurs des finances pour être tenues à la disposition de l'Inspection générale des finances et de la Direction générale de la comptabilité publique.

R. P. — Écritures des Receveurs particuliers. — Voir Balance d'entrée.

Frais de procédure dans l'intérêt des communes et établissements publics.

L'article 25 de la loi du 29 décembre 1873 ayant substitué les Percepteurs aux Receveurs de l'enregistrement pour le recouvrement des amendes et condamnations pécuniaires, il a paru utile à la Direction générale de l'enregistrement de demander à ce que les Receveurs des finances fussent chargés de l'avance des frais relatifs aux procédures en matière correctionnelle et de police suivies dans l'intérêt des communes et des établissements publics, et le Ministre a décidé l'application de la nouvelle mesure à partir du 1ᵉʳ janvier 1877. Il a été créé, à cet effet, le compte ci-dessus où sont constatés au débit les paiements effectués. Les recouvrements sont suivis, en cas de condamnation, par le Percepteur qui a pris charge de l'extrait de jugement, et en cas d'acquittement, par le Percepteur de la commune ou de l'établissement dans l'intérêt duquel les frais ont été faits.

Ce compte, laissé à découvert dans les écritures, est régularisé, en fin d'exercice, de la manière suivante : si le recouvrement dés frais a pu être effectué sur le condamné, il est délivré par le Préfet un mandat d'attribution du montant de ces frais, au nom du Trésorier général, sur le crédit mis à sa disposition à cet effet conformément aux indications de l'article 474 de l'Instruction des amendes.

Si le recouvrement des frais n'a pu être fait, en raison de l'insolvabilité ou de l'acquittement du prévenu mis en cause, le mandatement de ces frais est demandé à l'ordonnateur de la commune ou de l'établissement dans l'intérêt desquels ces frais ont été exposés.

Hospice des Quinze-Vingts, S/C de pensions.

Le paiement des pensions que l'hospice des Quinze-Vingts accorde aux aveugles, dans les départements, s'effectue sur la production d'un certificat de vie établi par le Maire sur papier libre. Le Trésorier général fait l'envoi à la fin de chaque mois, au trésorier de cet établissement, de tous les certificats de vie payés. Pour le remboursement des paiements ainsi effectués, le Trésorier général émet un mandat, exempt de timbre, sur le trésorier de l'Hospice, et il l'adresse au Caissier central du Trésor comme *Valeurs représentatives*. Il reçoit en échange un récépissé du Caissier central qu'il porte au crédit du compte précité qui se trouve ainsi soldé.

Hospice des Quinze-Vingts,
S/C de secours aux aveugles travailleurs.

Circ. 6 oct. 1880, II.

Ce compte est débité du montant des paiements de mandats émis sur la caisse de la Société nationale d'assistance pour les aveugles travailleurs.

Il est soldé de la même manière que le compte *Hospice des Quinze-Vingts, S/C de pensions*.

Inscriptions nominatives de rentes à échanger.

Circ. 31 oct. 1884, II.

Les inscriptions nominatives à échanger à la Direction de la Dette inscrite sont constatées dans les écritures au moyen des deux comptes d'ordre :

Inscriptions nominatives de rentes à échanger ;

Divers, L/C d'inscriptions nominatives déposées pour échange.

Le premier de ces comptes est débité au crédit du second du montant en rente des inscriptions déposées. Une écriture en sens inverse est passée lors du retrait des titres.

Mandats sur le Caissier du Trésor.

Circ. 6 déc. 1866, II ; —
29 déc. 1866, V ; — 21
janv. 1867, II ; — 14 août
1867, IV ; — 27 oct. 1868,
V ; — 10 déc. 1872, I ;
— 5 avril 1873, I ; —
11 avril 1878, III ; — 30
oct. 1879, IX ; — 7 févr.
1884 ; — 31 janv. 1890,
III : — 30 juin 1890, V.

Les Trésoriers généraux sont autorisés à tirer des mandats sur le Caissier du Trésor. Toute disposition faite par le Trésorier général d'un département sur le Trésorier général d'un autre département doit avoir le service public pour objet.

La circulaire du 1ᵉʳ décembre 1866 a donné le modèle des mandats aujourd'hui en usage ; ils sont extraits d'un livre à souche, et ils reçoivent une série de numéros non interrompue du 1ᵉʳ janvier au 31 décembre, commençant chaque année par le n° 1.

Les dispositions des Trésoriers généraux sur leurs collègues ne peuvent être accueillies régulièrement que si elles ont été confirmées par la Direction du mouvement général des fonds, ce qui nécessite l'envoi à cette Direction des talons-avis.

Les mandats tirés sur le Caissier du Trésor à la demande des particuliers et qui n'ont pas le service public pour objet ne doivent pas être au-dessous de 50 fr. (art. 740 de l'Instr. gén.).

Les mandats qui n'ont pas le service public pour objet sont assujettis à un droit de timbre de 0 fr. 05 c. p. 100. Ce droit est acquitté au moyen de timbres mobiles (effets de commerce).

Afin de faciliter le dépouillement des mandats affranchis du droit de timbre, les Trésoriers généraux doivent désigner dans les avis d'émission le service pour lequel l'émission a eu lieu, et pour justifier l'exemption du droit de timbre, comme pour éviter toute erreur sur l'origine des mandats sur le Trésor, les Trésoriers généraux doivent exiger des parties versantes, lorsqu'il s'agit d'un service public, une demande de mandats écrite et datée des chefs de services compétents.

La circulaire du 21 janvier 1867 a fixé les échéances à donner aux mandats comme suit :

A 5 jours de date pour les mandats relatifs aux versements des cautionnements des Trésoriers généraux et Receveurs particuliers. (*Les Trésoriers généraux et Receveurs des finances pouvant actuellement verser leurs cautionnements dans toutes les Recettes des finances, ce paragraphe devient sans objet.*)

Au 5ᵉ jour de la dizaine qui suit l'émission pour les mandats payables soit à la Caisse centrale, soit à la Recette centrale de la Seine, soit dans un autre département.

A 10 jours de date pour les mandats émis en fin de dizaine pour le règlement avec la Caisse des dépôts et consignations.

Au 5ᵉ jour de la 2ᵉ dizaine qui suit l'émission pour les mandats payables en Algérie.

A 45 jours de date pour les mandats tirés de France ou d'Algérie sur les colonies.

Les mandats émis sont constatés au crédit du compte *Mandats sur le Caissier du Trésor* placé à la page 6 de la Balance, le montant en est transporté au compte courant du Trésor en fin de dizaine, mais ne figure pas dans les avis adressés au Mouvement général des fonds, attendu que cette direction est avisée journellement de l'émission des mandats au moyen des relevés auxquels sont joint les talons-avis que le Trésorier général lui adresse le jour même de l'émission.

Les mandats sur le Trésor, tirés par les collègues et reçus d'eux sont passés en écriture dans la dizaine de leur échéance et quand les avis de confirmation sont parvenus à la Trésorerie générale. Leur entrée en portefeuille est constatée indistinctement au débit du compte *Valeurs représentatives* qui est crédité lors de l'envoi à la Caisse centrale. Cet envoi se fait aux époques fixées par les circulaires des 31 janvier 1901, § IV et 20 décembre 1901, § V. Les mandats sont classés sur les bordereaux d'envoi par ordre alphabétique.

Les mandats émis par les Trésoriers coloniaux, non plus que ceux émis par les Trésoriers-payeurs d'Afrique, ne sont soumis à la formalité du timbre sec et des chiffres timbrés, dont l'emploi est obligatoire pour ceux émis par les Trésoriers-payeurs généraux.

Le Trésorier général qui rembourse un mandat sur le Trésor émis par lui-même doit effectuer le remboursement au débit de *Valeurs représentatives* et envoyer le mandat comme tel au Caissier central du Trésor.

M..., mon prédécesseur (balance d'entrée).

En cas de mutation de Trésorier général, le compte ci-dessus est employé de la même manière que le compte *Balance d'entrée* pour transporter les résultats de l'ancienne gestion dans la nouvelle.

Circ. 12 déc. 1864; — 11 mars 1867, II.

M..., mon prédécesseur, S/C courant.

Ce compte présente au crédit les diverses allocations liquidées après la remise du service, et au débit les frais de bureau et autres que le nouveau Trésorier général aurait à payer pour le compte de l'ancienne gestion.

Lorsque les écritures de l'ancienne gestion sont entièrement terminées, le compte *M..., mon prédécesseur, S/C courant* présente sur les livres du titulaire soit un solde créditeur dont il doit payer le montant à son prédécesseur, soit un solde débiteur dont il doit se faire couvrir par lui.

Obligations des redevables des contributions indirectes remises par le Caissier du Trésor.

Pour ces obligations, comme pour les traites de douane, la remise est faite par le Caissier du Trésor et il est passé l'écriture suivante :

> *Obligations des redevables des contributions indirectes remises par le Caissier du Trésor,*
> *A Remises du Caissier du Trésor,*

en délivrant récépissé à ce dernier compte.

En cas de non-paiement à l'échéance, le Trésorier général remet les obligations au Receveur des contributions indirectes et les traites de douane au Receveur des douanes, après les avoir fait protester. Ces comptables demeurent chargés d'en suivre le recouvrement après avoir versé le montant, en principal et frais, au Trésorier général.

Les comptes : *Obligations des redevables* et *Traites de douane remises par le Caissier du Trésor,* sont crédités lors du paiement par le débit de la valeur reçue.

R. P. — Les Receveurs particuliers constatent l'entrée de ces valeurs en portefeuille au crédit du compte *Remises du Trésorier géné-*

ral par le débit du compte *Obligations des redevables des contributions indirectes*.

En cas de non-paiement, le retour des traites est constaté par le débit du compte courant du Trésorier général.

Paiements pour le compte de la Légion d'honneur.

Circ. 6 déc. 1881, V.

Les paiements effectués pour le compte de la Légion d'honneur sont constatés au débit d'un compte de correspondants intitulé : *Agent comptable de la Légion d'honneur, S/C de paiements à vérifier,* et les pièces justificatives des recettes et des dépenses sont adressées chaque dizaine à la Grande chancellerie qui en fournit un accusé de réception provisoire.

Le compte courant du Trésorier-payeur général est crédité à l'arrivée de l'avis de crédit et il est passé l'écriture suivante :

Paiements pour le compte de la Légion d'honneur,

    A Agent comptable de la Légion d'honneur, S/C de paiements à
       vérifier.

Le premier compte est soldé en fin de dizaine par le transport au compte courant du Trésor, mais ce transport ne figure pas sur les avis décadaires adressés au Mouvement général des fonds.

Paiements pour le compte du Trésorier général des Invalides de la marine.

I. G. 784.
Circ. 10 nov. 1866, X.

Les Trésoriers généraux effectuent des paiements pour le compte du Trésorier général des Invalides de la marine. Ces paiements ne doivent avoir lieu, pour les mandats ordonnancés par le Trésorier général des Invalides de la marine, que sur le visa de ce dernier, et pour les pensions de retraite sur un mandat délivré par le Préfet, appuyé d'un certificat de vie.

Les paiements ainsi effectués sont constatés au débit du compte *Trésorier général des Invalides de la marine, S/C de paiements à vérifier ;* les pièces justificatives doivent être adressées mensuellement, du

1ᵉʳ au 5, à M. le Trésorier général des Invalides de la marine, à Paris, qui fournit son accusé de réception provisoire.

Le compte courant du Trésorier-payeur général est crédité à l'arrivée de l'accusé de réception définitif, et il est passé l'écriture suivante :

Paiements pour le compte du Trésorier général des Invalides...
A Trésorier général des Invalides de la marine, S/C de paiements
à vérifier.

Le premier de ces comptes est soldé en fin de dizaine par le transport au compte courant du Trésor, en conformité du crédit donné par la Direction du Mouvement général des fonds, et provoqué directement par le Trésorier général des Invalides de la marine. Le transport au compte courant du Trésor ne figure donc pas sur les avis décadaires adressés à la Direction du Mouvement général des fonds.

Percepteurs, L/C de droits de passeports à l'étranger.

. Les droits que les particuliers versent pour obtenir un passeport pour l'étranger sont reçus par les Percepteurs, qui délivrent quittance à souche aux parties.

I. G. 1118, 1857, 2019.

Les Préfets et Sous-Préfets autres que ceux de la Seine et du Rhône, et le Maire de Calais, sont autorisés à délivrer des passeports à l'étranger. Les formules leur sont livrées par le Directeur du Timbre à qui est produite en paiement la quittance à souche du Percepteur que les Receveurs du Timbre comprennent comme pièces de dépenses dans leurs versements à la Trésorerie générale qui en fait dépense au C/ *Percepteurs, L/C de droits de passeports à l'étranger.*

La recette à ce compte est faite lors du versement du Percepteur qui a perçu les droits.

Les droits de passeports non réclamés au 31 décembre de la 2ᵉ année de leur constatation au compte précité sont transportés au compte : *Reliquats provenant de divers services.*

Percepteurs, L/C d'envois de fonds pour le service du Trésor.

I. G. 1128-2023, 2024.
Circ. 26 avril 1873, IX ; —
16 janv. 1897 ; — 27 avril
1900.

Les Trésoriers généraux et les Receveurs particuliers peuvent avoir à fournir aux Percepteurs sous leurs ordres des fonds de subvention pour assurer le service de la dépense. Les fonds ainsi envoyés sont constatés au débit du compte ci-dessus, lequel est crédité lors du versement par le Percepteur.

La quittance à souche délivrée par le Percepteur qui a reçu les fonds est transmise par la Recette particulière, si c'est un arrondissement de sous-préfecture, à la Trésorerie générale qui, au reçu de cette pièce, passe l'écriture suivante : *Percepteurs, L/C d'envois de fonds pour le service du Trésor* à *Receveurs particuliers L/C d'envois de fonds aux Percepteurs.*

Quand la Trésorerie générale est avisée du remboursement par le Percepteur, elle passe l'écriture en sens inverse (art. 1128 de l'Instr. gén.).

Les versements faits aux Percepteurs par les particuliers pour des achats de rentes sur l'État, sont constatés au débit du compte : *Percepteurs, L/C d'envois de fonds pour le service du Trésor* et au crédit du compte : *Divers, L/C d'achats de rentes.*

Percepteurs, L/C de produits divers du budget recouvrés pour le compte du receveur des finances.

Circ. 8 janv. 1890, I ; —
30 juin 1890, VIII.

A ce compte sont imputés les revenus publics et produits budgétaires recouvrés exceptionnellement par les percepteurs sur une délégation de leur chef de service.

Ce compte doit être débité sans retard par le crédit des divers comptes de recettes intéressés et les récépissés délivrés au nom de chacun des ayants droit sont aussitôt transmis aux Percepteurs.

Pour les opérations faites dans les Recettes particulières, la Trésorerie générale débite ce compte par le crédit de lui-même, pour le montant porté sur les avis décadaires des Receveurs particuliers.

Percepteurs, L/C de recouvrements opérés pour le compte des Caisses d'épargne.

Voir le compte *Caisses d'épargne privées, L/C de recouvrements.*

Percepteurs, L/C de restes à recouvrer sur les contributions des exercices expirés.

Ainsi qu'il est dit au C/ *Restes à recouvrer sur les contributions,* c'est à la date du 30 novembre de la 2ᵉ année de l'exercice que les Trésoriers généraux pour l'arrondissement du chef-lieu et les Receveurs particuliers pour leur arrondissement respectif sont tenus de solder les sommes qui n'auraient pas été recouvrées sur les rôles des contributions directes et taxes assimilées de l'année précédente.

Après avoir transporté au C/ *Restes à recouvrer sur les contributions,* les sommes restant dues à la date des 20 et 30 avril de la 2ᵉ année de l'exercice, les Trésoriers généraux et les Receveurs particuliers soldent à la date du 30 novembre ce dernier compte par le transport au débit du C/ *Percepteurs, L/C de restes...* qui est lui-même soldé l'année suivante, le 31 décembre de la 3ᵉ année de l'exercice, par les Percepteurs eux-mêmes.

Il est fait exception pour le montant des restes à recouvrer dont les Receveurs des finances sont autorisés, dans les conditions indiquées par le paragraphe 1ᵉʳ de la circulaire du 29 novembre 1895, à ne pas faire l'avance de leurs deniers personnels au 30 novembre de la 2ᵉ année de l'exercice.

Ces restes continuent à figurer, dans les écritures de la Trésorerie générale, au débit du compte: *Restes à recouvrer sur les contributions et taxes y assimilées des exercices expirés.*

Percepteurs, L/C de titres mixtes de rentes sur l'État à renouveler.

L'envoi aux Percepteurs des nouveaux titres de rentes mixtes re-

I. G. 1919.
Circ. 21 oct. 1867, XIV ;
— 18 janv. 1892, I ; —
29 nov. 1895 ; — 26 fé-
vrier 1902, II.

Circ. 31 oct. 1884.

nouvelés par leur entremise est constaté au débit du compte : *Percepteurs, L/C de titres de rentes mixtes à renouveler.* Ce compte est crédité lors de la réception des reconnaissances de dépôt acquittées par les parties.

R. P. — Écritures des receveurs particuliers :

Envoi des titres aux percepteurs. — Percepteurs ; L/C de titres mixtes de rentes sur l'État à renouveler à Titres de rentes échangés remis par le Trésorier général ;

Réception des reconnaissances de dépôt. — Divers; L/C de titres de rentes au porteur et mixtes déposés pour échange à Percepteurs ; L/C de titres mixtes de rentes sur l'État à renouveler.

Percepteurs, L/C de titres de rentes achetés.

Circ. 27 avril 1900.

Ce compte est débité lors de l'envoi des titres achetés aux Percepteurs pour le montant des bordereaux d'achats de rentes effectués suivant les prescriptions de la circulaire du 27 avril 1900.

Il est crédité lors du versement à la Recette des finances de la reconnaissance dûment acquittée.

Le compte *Percepteurs, L/C de titres de rentes achetés* n'étant pas susceptible de justifications, il n'est pas nécessaire de centraliser dans la comptabilité de la Trésorerie générale les mouvements de titres provenant d'achats entre les Receveurs particuliers et les Percepteurs de leur arrondissement, non plus que d'y constater le renvoi par les Percepteurs des reconnaissances acquittées.

R. P. — Écritures des receveurs particuliers :

Envoi de titres aux percepteurs. — Percepteurs, L/C de titres de rentes achetés à Titres de rentes achetés remis par le Trésorier général ;

Réception des reconnaissances de dépôt. — Divers, L/C de titres de rentes achetés à Percepteurs, L/C de titres de rentes achetés.

Perceptions de ville, L/C de recouvrements

Aux termes d'un décret en date du 24 mars 1896, les perceptions des contributions directes sont supprimées dans les villes chefs-lieux d'arrondissement de sous-préfectures dont la population est inférieure à 20,000 habitants ; dans ces localités, les Receveurs des finances sont chargés de toutes les obligations imposées aux Percepteurs.

L. C. 16 mai 1896.

Les recettes constatées chaque journée au Journal à souche, pour le compte du Trésor, sont prises en charge au livre-journal de la Recette particulière et le récépissé est délivré au C/ *Perceptions de ville, L/C de recouvrements.*

A l'arrivée du Journal des Receveurs particuliers, les Trésoriers généraux débitent, chaque dizaine, le compte courant des Receveurs particuliers par le crédit du compte *Perceptions de ville, L/C de recouvrements,* et débitent ce même compte du montant des récépissés journaliers délivrés par les Receveurs particuliers, récépissés qui servent de justifications de la dépense constatée audit compte.

Perfectionnement du matériel d'armement et réinstallation de services militaires.

On porte en recette à ce compte les produits d'aliénation d'immeubles militaires désaffectés ou de fortifications déclassées.

Circ. 14 mars 1898 ; — 31 janv. 1899, V et VI.

Les dispositions suivantes ont été arrêtées à ce sujet, de concert avec la Direction générale de l'enregistrement, des domaines et du timbre.

L'encaissement par les Receveurs des domaines du prix total d'une adjudication ou d'un terme, si le prix est payable en plusieurs termes, donne lieu à deux versements, l'un provisoire, l'autre définitif.

Dans les vingt-quatre heures de l'encaissement, les Receveurs des domaines effectuent à la Recette des finances, sur la présentation d'un décompte provisoire, un premier versement qui est appliqué au compte : *Perfectionnement...* Ultérieurement, ils versent au titre du même compte, en se référant au versement provisoire, le complément du prix de l'adjudication, déduction faite des frais afférents à la vente et des remises qui leur sont allouées. Dans le cas où le prix de vente est payable en plusieurs termes, le versement complémentaire ne s'applique qu'au reliquat du terme payé. Les receveurs fournissent, à l'appui du second versement, un décompte définitif dûment vérifié et arrêté par le Directeur du département, lequel présente, d'une part, la recette brute encaissée par les receveurs des domaines, d'autre part, la déduction des frais de vente et des remises, et enfin la somme nette à verser au Trésor. Ce décompte sert de titre de perception des deux recettes successivement constatées au compte : *Perfectionnement du matériel...* et il est produit à la Cour des comptes avec la 2ᵉ partie du compte de gestion.

On impute en dépense, au compte : *Perfectionnement du matériel...* savoir :

A une première section, les dépenses de perfectionnement du matériel d'armement ;

A une deuxième section, les dépenses nécessitées par la réinstallation des services militaires et par les frais de construction de la nouvelle enceinte de Paris ;

A une troisième section, les intérêts des obligations du Trésor à court terme émises pour subvenir provisoirement aux dépenses en raison de l'insuffisance temporaire des ressources inscrites au crédit du compte.

Les Trésoriers généraux ont à ouvrir, pour la constatation des paiements des deux premières sections, un livre de détail et des carnets d'ordonnances semblables à ceux qui sont en usage pour les dépenses budgétaires.

Bien que les dépenses dont il s'agit ne soient pas classées au budget, elles doivent être entourées des formes et des garanties d'ordonnancement et de justification propres aux dépenses du Ministère de la guerre, sauf en ce qui concerne la spécialité par exercice.

Les recettes et les dépenses constatées au compte : *Perfectionnement du matériel d'armement...* sont transportées, à la fin de chaque dizaine, au compte courant du Trésor; elles sont comprises dans les avis décadaires adressés à la Direction du Mouvement général des fonds.

Les reversements qui peuvent être effectués sur les dépenses du compte spécial sont imputés au compte de produits divers du budget : *Reversements de fonds sur les dépenses des ministères ;* les Trésoriers généraux veillent à ce que les récépissés constatant ces reversements portent, d'une manière très apparente, la mention: *Perfectionnement du matériel...*

La même mention doit être, du reste, apposée sur tous les documents relatifs à ce compte spécial.

Ce compte : *Perfectionnement du matériel...* n'étant pas tenu par exercice, les dépenses mandatées pendant les années antérieures peuvent être payées sur les crédits de l'année courante, sans qu'il soit besoin d'ouvrir une comptabilité d'exercice clos, mais sous réserve, bien entendu, de la déchéance quinquennale qui est opposable à tous les créanciers de l'État en vertu de la loi du 29 janvier 1831.

Poursuites pour le recouvrement des amendes.

Les poursuites pour le recouvrement des amendes s'exercent ou par ministère d'huissier, ou par les Porteurs de contraintes, que l'article 25 de la loi du budget de 1874 a autorisé spécialement, en vue de diminuer les frais de poursuites contre les condamnés.

Instr. des amendes, art. 249 et suiv., 440 et suiv., 563 et suiv.

Les Percepteurs ou Receveurs spéciaux peuvent, toutefois, employer le ministère d'huissier quand il s'agit d'actes importants qui présentent des difficultés spéciales.

Les poursuites ont lieu par voie de commandement, de saisie, de vente et exceptionnellement par voie de contrainte par corps.

Il n'existe pas de degré intermédiaire entre l'avertissement et le commandement.

Le compte des frais de poursuites est tenu par exercice, mais seulement au moyen des cadres de développement de la balance. L'imputation d'exercice est déterminée par l'année à laquelle appartient l'extrait de jugement.

Pour pouvoir suivre les différentes opérations, il est tenu dans chaque arrondissement un carnet modèle n° 91 de l'Instruction générale du 5 juillet 1895, présentant, au moyen des comptes ouverts par Percepteur, d'une part les frais payés par nature d'actes, d'autre part les recouvrements faits. Dans les Trésoreries générales, il existe, en outre, un deuxième carnet tenu au bureau de la comptabilité et qui présente la situation complète pour tout le département.

Les restes à recouvrer sur frais de poursuites suivent le sort de l'article du sommier auquel ils se rapportent et sont, comme cet article, ou reportés par le Préfet à l'exercice suivant, ou admis en non-valeurs, ou mis à la charge des comptables.

L'apurement d'un exercice n'a donc lieu qu'après le renvoi par la Préfecture de l'état des restes approuvé. Pour les frais reportés à l'exercice suivant, le Trésorier général pour son arrondissement et les Receveurs particuliers pour leur arrondissement respectif font recette au compte de l'ancien exercice et dépense à celui de l'exercice courant; le récépissé délivré à cet effet justifie la dépense au compte de l'exercice courant.

Quant aux frais admis en non-valeurs, ils sont remboursés au Trésorier général de la manière indiquée à l'article 484 de l'Instruction des amendes.

Poursuites pour le recouvrement des contributions.

I. G. 1916 à 1918.
Circ. 10 juin 1896.

En matière de contributions directes, les porteurs de contraintes remplissent auprès des Percepteurs les fonctions d'huissier. Les poursuites sont exercées sous la surveillance des Receveurs des finances sur la proposition des Percepteurs.

Le contribuable qui, le 1er du mois, n'a pas acquitté le douzième du mois précédent est dans le cas d'être poursuivi.

Les degrés de poursuites sont établis ainsi qu'il suit:

1er degré: *sommation avec frais,* doit être précédée d'une sommation sans frais;

2e degré: *commandement,* trois jours après la sommation avec frais;

3ᵉ degré : *saisie,* trois jours après la signification du commandement ;

4ᵉ degré : *vente,* ne peut s'effectuer que sur une autorisation spéciale du Préfet ou du Sous-Préfet accordée sur la demande expresse du Percepteur.

Toute poursuite est faite en vertu d'une contrainte décernée par le Receveur des finances et visée par la Préfecture ou la Sous-Préfecture. Les contraintes sont faites en double expédition, dont l'une reste entre les mains du comptable, qui remet la deuxième à l'agent de poursuites. Il est expressément recommandé à ces agents de présenter aussi souvent que possible leurs contraintes aux Percepteurs, afin que les contribuables qui se seraient libérés dans l'intervalle puissent être rayés.

Les prix des sommations, commandements, saisies et ventes sont déterminés par un arrêté du Préfet de chaque département; ils reposent sur le principe d'une taxe fixe par acte.

Outre la partie des frais dont se compose le salaire des porteurs de contraintes, le Ministre des finances, par arrêté du 14 septembre 1861, alloue en plus une indemnité annuelle de 400 fr., payable par trimestre, indemnité que le Trésorier général peut élever à 500 fr. en faveur des agents qui auront mérité cette marque de satisfaction par leurs bons services ou qui comptent dix années de services.

Les porteurs de contraintes tiennent un répertoire où ils enregistrent tous les actes assujettis à la formalité du timbre; ils doivent le présenter au moins deux fois l'an au visa de la Trésorerie générale ou Recette particulière.

Les formules d'actes sont fournies aux porteurs de contraintes par les Receveurs des finances, qui se font généralement rembourser de leurs avances lors de l'allocation dont il est parlé ci-devant.

Les frais de poursuites sont payés aux porteurs de contraintes d'après les états rendus exécutoires par le Préfet ou Sous-Préfet, le paiement est constaté au C/ *Poursuites pour le recouvrement des contributions* et l'état en justifie la dépense. Les originaux des actes de poursuites et autres pièces produites à l'appui restent déposés à la Trésorerie générale ou Recette particulière.

Les délais fixés pour le recouvrement et l'apurement des frais de poursuites de chaque exercice sont les mêmes que ceux fixés pour le recouvrement des sommes portées sur les rôles des contributions ; en conséquence, les Trésoriers généraux, pour l'arrondissement du chef-lieu, et les Receveurs particuliers, pour leur arrondissement respectif, doivent solder à la date du 3o novembre de la deuxième année de l'exercice les frais de poursuites restant à recouvrer.

Les sommes reçues et versées par les Percepteurs constituent la recette au compte *Poursuites pour le recouvrement des contributions.*

On impute à ce compte le montant des frais d'expertise en matière d'impôts de quotité. (Voir Circ. 10 juin 1896.)

Produits du prélèvement sur le pari mutuel en faveur de l'élevage.

Circ. 1ᵉʳ sept. 1891, I ; — 21 mars 1892, IX ; — 10 mai 1894, IV ; — 13 févr. 1897 ; — 25 juin 1898.

La circulaire du 10 mai 1894, § IV, prescrit de centraliser à ce compte, classé dans les services spéciaux, le prélèvement de 1 p. 100 opéré en faveur de l'élevage sur les sommes versées au pari mutuel, dans les courses de chevaux.

Les recettes de cette nature peuvent continuer à figurer sur l'état de développement mensuel des recettes constatées au compte *Fonds de concours pour dépenses d'intérêt public.* Il suffit de compléter le titre de cet état, en y ajoutant les mots : *et produits du prélèvement fait sur le pari mutuel en faveur de l'élevage.* La colonne 6 est intitu-lée : *Montant des versements à titre de fonds de concours pour dépenses d'intérêt public,* et la colonne 7 : *Produits du prélèvement.....*

Les sociétés de courses sont soumises au contrôle des Receveurs des finances dans tous les départements autres que ceux de la Seine et de Seine-et-Oise.

Le contrôle et la vérification portent :

1° Sur les opérations du pari mutuel, dont les Receveurs des finances doivent surveiller sur place le fonctionnement et pour lesquelles un rapport doit être adressé à la Direction générale de la comptabilité publique quinze jours au plus tard après la journée de courses correspondante ;

2° Sur les budgets et comptes annuels des sociétés et, lorsqu'il y a lieu, sur les caisses de secours instituées conformément au décret du 24 novembre 1896. Un rapport spécial de cette vérification est transmis, au plus tard le 31 janvier, à la Direction générale de la comptabilité publique, pour les opérations financières de l'année précédente.

Quittances de rentes 3 $\frac{1}{2}$ °/₀ à régulariser.

Les Trésoriers généraux sont autorisés à faire usage d'un compte intermédiaire pour le paiement des arrérages de rentes 3 1/2 p. 100. Ce compte est classé parmi les correspondants administratifs et intitulé : *Quittances de rentes 3 1/2 p. 100 à régulariser*. Il est débité journellement de tous les paiements effectués et il est crédité ultérieurement par le débit du compte *Valeurs représentatives :* 1° à la fin de la 2° dizaine de chaque échéance (*28 février, 31 mai, 31 août et 30 novembre*); 2° à la fin de la 3° dizaine (*10 mars, 10 juin, 10 septembre et 10 décembre*); 3° les 15 mars, 15 juin, 15 septembre et 15 décembre pour les paiements effectués du 11 au 15 de chacun de ces mois; 4° à la fin de chaque dizaine et le dernier jour de chaque trimestre (*15 février, 15 mai, 15 août et 15 novembre*) pour les paiements postérieurs.

Circ. 14 avril 1894.

Quittances de rentes 3 °/₀.

Les paiements journaliers d'arrérages de rentes 3 p. 100 sont constatés pendant le mois de l'échéance à un compte de correspondants administratifs intitulé : *Quittances de rentes 3 p. 100.*

Ce compte est soldé par le transport au compte des *Dépenses publiques* dans la première dizaine du mois suivant.

Circ. 8 mai 1877, IV ; 26 déc. 1877, I.

Recettes par virement pour remises de services.

Circ. 12 juill. 1876, VIII.

Ce compte, ainsi que *Dépenses par virement pour remises de services,* a été créé par la circulaire du 12 juillet 1876.

Ces deux comptes sont employés pour décrire les opérations de virement nécessitées par les mutations de comptables. Ces opérations donnent lieu à la délivrance de récépissés entre l'ancien et le nouveau comptable et sont portées respectivement au débit et au crédit de chaque Trésorier général.

Les avis à adresser au Mouvement général des fonds doivent toujours être signés par le comptable qui demande à être débité et non par celui qui a droit au crédit.

Les écritures auxquelles donnent lieu les mutations de comptables sont décrites par la circulaire du 12 décembre 1864.

Recette particulière du chef-lieu, S/C de recouvrements journaliers.
Recette particulière du chef-lieu, S/C de paiements journaliers.

I. G. 1113 à 1115; 2015 à 2017.

Au premier de ces deux comptes sont constatées toutes les opérations donnant lieu à la délivrance de récépissés. Ces opérations figurent sur le Journal général en un seul chiffre pour toutes les recettes faites pendant la journée au livre spécial appelé *Livre de détail.*

Ce livre présente dans des colonnes distinctes les sommes versées en numéraire et en pièces de dépenses.

Il est fait recette en fin de journée au débit du compte *Caisse* pour les sommes reçues en numéraire et au débit du compte *Recette particulière du chef-lieu, S/C de paiements journaliers* pour les pièces de dépenses versées, par le crédit du compte *Recette particulière du chef-lieu, S/C de recouvrements journaliers.*

Dans la pratique, beaucoup de Trésorcries générales ne passent plus écriture journellement que pour les sommes reçues en numéraire.

Quant aux pièces de dépenses, elles sont constatées en fin de dizaine au moyen d'un article tout imprimé à la page 7 du Journal spécial, au crédit du compte *Recette particulière du chef-lieu, S/C de paiements journaliers* et au débit des comptes qu'elles concernent. Il est, en outre, passé un deuxième article pour ordre sur le Journal général intitulé : *Recette particulière du chef-lieu, 'S/C de paiements journaliers à Recette particulière du chef-lieu, S/C de recouvrements journaliers.*

Cet article a pour effet de solder le premier compte par le transport au crédit du deuxième des pièces de dépenses versées pendant la dizaine.

De telle sorte que le compte *Recette particulière du chef-lieu, S/C de recouvrements journaliers,* qui a été crédité journellement des recettes en numéraire, se trouve de plus crédité en fin de dizaine du montant des pièces de dépenses. Ce dernier article passé, le crédit du compte *Recette particulière du chef-lieu, S/C de recouvrements journaliers* représente la totalité des recettes constatées au Livre de détail. Ces recettes détaillées par comptes, au moyen du dépouillement prescrit par l'article 1369 de l'Instruction générale, sont portées dans les écritures du Journal par un article imprimé à la page 5 du Journal spécial au crédit des comptes qu'elles concernent par le débit de *Recette particulière du chef-lieu, S/C de recouvrements journaliers.*

Les deux comptes ci-dessus se trouvent ainsi soldés partout.

R. P. — Le premier de ces comptes est également ouvert dans les écritures des Receveurs particuliers pour recevoir, chaque jour, toutes les recettes donnant lieu à récépissés à talon : *Recette particulière, S/C de recouvrements journaliers.* Il fait l'objet aussi de la tenue du livre de détail.

Ce compte est soldé en fin de dizaine par application — au moyen du dépouillement de recettes tenu constamment à jour — à chaque compte respectif, des recouvrements effectués pendant la dizaine.

Le livre de détail totalisé sans interruption du 1er janvier au 31 décembre de chaque année, avec totaux par journée à l'encre rouge et en fin de dizaine à l'encre noire, permet la vérification fréquente et ra-

pide du compte : *Recette particulière, S/C de recouvrements journaliers.*
Il est très important d'en contrôler les résultats à chaque balance.

Receveurs des communes et établissements publics, L/C d'obligations de coupes ordinaires de bois en dépôt.
Communes et établissements publics, L/C de produits de coupes extraordinaires de bois.

I. G., 2045, 2046, 2047, 2048, 2049.

Les écritures auxquelles donnent lieu les opérations constatées à ces deux comptes sont les suivantes :

1° *Traites de coupes ordinaires ou extraordinaires de bois des communes et établissements publics*

    A Receveurs des communes et établissements publics..., etc.

ou

    A Communes et établissements publics, L/C de produits de coupes..., etc.,

lors de la souscription des traites ;

2° *Caisse doit :*

    A Communes et établissements, L/C de fonds placés avec intérêts,

pour les traites de coupes extraordinaires de l'arrondissement chef-lieu ;

    A Receveurs particuliers, L/C courant,

pour les traites de coupes extraordinaires des arrondissements de Sous-Préfectures,

lors du versement à l'échéance ([1]) ;

([1]) L'opération de placements au C/ des communes ou au crédit des Receveurs n'est généralement pas passée par le C/ *Caisse.* La Trésorerie étant responsable de la rentrée des traites extraordinaires, passe dans le courant de la dizaine de l'échéance l'écriture suivante pour le montant de ces traites :

    Communes et établissements publics, L/C de produits de coupes extraordinaires...

    à Communes et établissements publics, L/C de fonds placés avec intérêts,

    ou *à Receveurs particuliers, L/C courant.*

Lors du versement des traites, le compte *Caisse* est débité par le crédit du compte : *Traites de coupes extraordinaires,* et à l'échéance, le Trésorier général avance par le compte : *Fonds particuliers* le montant des traites échues, restées impayées, au crédit du même C/ *Traites extraordinaires.*

3° *Receveurs des communes et établissements publics, L|C d'obligations* ou *Communes et établissements publics, L|C de produits.....*
doivent à *Traites de coupes ordinaires et extraordinaires.....,*
lors de la sortie du portefeuille de la traite, soit par l'envoi fait au Receveur municipal quand il s'agit de coupes ordinaires, soit par le paiement fait directement à la Trésorerie générale quand il s'agit de coupes extraordinaires.

Receveurs des finances, L/C d'intérêts et frais de service à régulariser.

La circulaire du 25 novembre 1872 a créé le compte *Receveurs des finances, L|C d'intérêts et frais de service à régulariser,* lequel est débité, après établissement du décompte trimestriel d'avances au Trésor et d'allocations sur achats de rentes aux Receveurs particuliers par le crédit du compte *Fonds particuliers* pour les commissions revenant aux Trésoriers généraux et par le crédit des comptes courants des Receveurs particuliers pour celles revenant aux Receveurs particuliers. ^{Circ. 25 nov. 1872, II.}

Ces opérations ne se transportent pas au compte courant du Trésor, les rectifications qui peuvent être faites ultérieurement n'entraînent pas de redressement à ce compte.

Le chiffre des commissions, définitivement arrêtées, est transporté après que l'avis de crédit du Mouvement général des fonds et que le récépissé du Caissier du Trésor est parvenu à la Trésorerie générale au débit du compte *Envois au Caissier du Trésor* par le crédit du compte *Receveurs des finances, L|C d'intérêts et frais de service à régulariser* qui se trouve ainsi soldé.

Receveurs d'établissements de bienfaisance, L/C de recouvrements de rentes et créances.

Les Percepteurs sont chargés de recouvrer, pour le compte des hospices ou établissements de bienfaisance, les sommes dues par des particuliers à titre de rentes et créances. ^{I. G. 1176.}

Ils en recouvrent le montant conformément aux dispositions des articles 1176-1059 et suivants de l'Instruction générale et la Trésorerie en fait recette, lors des versements des Percepteurs, au compte *Receveurs d'établissements de bienfaisance, L/C de recouvrements de rentes et créances*. Le paiement fait aux hospices ou le placement des fonds au Trésor, en compte courant, est porté au débit du compte.

Receveurs d'hospices et d'établissements de bienfaisance, L/C d'intérêts et de capitaux de cautionnements.

I. G. 1168 à 1174.
Circ. 18 juin 1889, III.

Les cautionnements des Receveurs d'hospices et d'établissements de bienfaisance sont versés dans les caisses des monts-de-piété. Le paiement des intérêts, pour chacun des Receveurs résidant hors l'arrondissement où est situé le mont-de-piété, a lieu annuellement par l'entremise des Trésoriers généraux ou Receveurs particuliers au moyen d'un état dressé par l'administration des monts-de-piété dépositaires des cautionnements ; le montant en est versé à la caisse des Trésoriers généraux, qui font recette au compte ci-dessus.

A l'appui du versement, il est produit l'état mentionné ci-dessus et un extrait séparé pour chacun des Receveurs intéressés. Pour les sommes à payer à des Receveurs habitant d'autres départements, le Trésorier général fait dépense au compte *Receveurs d'hospices et d'établissements de bienfaisance, L/C d'intérêts et de capitaux de cautionnements*, en délivrant un mandat sur le Trésor, qu'il transmet appuyé de l'extrait au Trésorier général de la résidence du Receveur. En échange de cette remise, il lui est adressé un récépissé comptable souscrit au même compte que dessus. Ce récépissé justifie la dépense dans les écritures du Trésorier général à qui il est adressé.

Le collègue qui a reçu le mandat sur le Trésor doit en outre renvoyer, une fois payé, l'extrait qui lui a été adressé pour être acquitté par le Receveur de l'hospice ou de l'établissement de bienfaisance.

Ces extraits sont rendus au mont-de-piété, qui fournit en échange des accusés de réception par Receveur. Ces accusés de réception sont adressés par le Trésorier général au collègue qui a effectué le paiement afin de servir de justifications à la dépense constatée dans ses écritures. Les accusés de réception relatifs à des extraits dont le montant a été payé aux Receveurs domiciliés dans le département même sont conservés par le Trésorier général comme justifications des paiements faits par lui, par les Receveurs particuliers ou par les Percepteurs du département. Ces paiements sont faits directement au débit du compte précité : *Receveurs d'hospices et d'établissements de bienfaisance, L/C d'intérêts et de capitaux de cautionnements.*

Les dispositions qui précèdent sont étendues aux remboursements des capitaux de cautionnements.

Receveurs particuliers, L/C courant.

Les Receveurs particuliers ont avec le Trésorier général un compte courant dans lequel ils sont débités des diverses recettes qu'ils ont opérées et crédités des envois qu'ils ont faits à la Trésorerie générale, soit en numéraire, soit en pièces de dépenses. Ce compte est tenu et réglé en capitaux seulement.

Pour justifier au Ministère du règlement du compte courant avec les Receveurs particuliers, le Trésorier général adresse, à l'expiration de chaque trimestre, une note de rapprochement à la Direction générale de la comptabilité publique, en conformité des dispositions de l'article 2014 de l'Instruction générale.

Les opérations des Receveurs particuliers sont portées dans les écritures de la Trésorerie générale dans la dizaine qui suit celle dans laquelle elles ont été constatées par les arrondissements de Sous-Préfectures. Les opérations effectuées dans les arrondissements de Sous-Préfectures pendant la 3ᵉ dizaine de décembre donnent lieu à une dizaine complémentaire arrêtée au 5 janvier, époque à laquelle est établie la balance générale de fin d'année. (Circ. 16 déc. 1863, § 25.)

Receveurs particuliers, L/C d'envois de fonds aux percepteurs.

Ce compte est ouvert aux Receveurs particuliers pour les envois de fonds faits aux Percepteurs. Comme il est dit au chapitre *Percep-*

I. G. 1114 à 2014.
Circ. 30 sept. 1866, § 9 ;
— 27 avril 1867, § 6.

I. G. 1128.
Circ. 26 avril 1873, IX ; —
16 janv. 1897.

teurs, L/C d'envois de fonds pour le service du Trésor, les Receveurs particuliers adressent les quittances à souche des comptables au Trésorier général qui, au reçu desdites pièces, passe l'écriture suivante : *Percepteurs, L/C d'envois de fonds pour le service du Trésor à Receveurs particuliers, L/C d'envois de fonds aux Percepteurs* et les quittances justifient la dépense au premier compte.

Une écriture en sens inverse est passée quand la Trésorerie générale est avisée du versement fait par le comptable. (L'écriture est passée par la Trésorerie générale pour le montant en recette du compte *Percepteurs, L/C d'envois de fonds pour le service du Trésor* figurant sur les avis décadaires des Receveurs particuliers.)

Receveurs particuliers, L/C de recouvrements
pour les Caisses d'épargné effectués par les Percepteurs.

Voir le compte *Caisses d'épargne privées, L/C de recouvrements.*

Receveurs particuliers, L/C de restes à recouvrer
sur les contributions des exercices expirés.

I. G. 1919.
Circ. 21 oct. 1867, XIV ;
— 18 janv. 1892, I ; —
29 nov. 1895 ; — 26 février 1902, II.

Lorsqu'à l'époque du 30 novembre de la deuxième année d'exercice, les Receveurs particuliers ont soldé le compte *Restes à recouvrer sur les contributions.....,* par le débit du compte *Percepteurs, L/C de restes à recouvrer,* à l'exception des restes dont le recouvrement est suspendu (Circ. 29 nov. 1895), ce qui constitue une avance de fonds par les Receveurs, le Trésorier général débite le compte *Percepteurs, L/C de restes à recouvrer.....* par le crédit du compte *Receveurs particuliers, L/C de restes à recouvrer sur les contributions.*

Ces deux comptes ne se transportent pas au compte courant du Trésorier général par les Receveurs particuliers. Ces derniers en poursuivent le recouvrement pour leur propre compte, tout en délivrant récépissés aux Percepteurs lors du versement. Les recettes de cette nature figurent pour mémoire seulement sur l'avis de débit et de crédit, et elles sont constatées par la Trésorerie générale par un article spécial à la suite des articles relatifs aux opérations des Receveurs particuliers. Dans cet article, le compte *Percepteurs, L/C de restes.....* est crédité et le compte *Receveurs particuliers, L/C de restes.....* est débité.

Au 20 décembre de la troisième année de l'exercice, les comptes doivent se trouver soldés dans les écritures des Receveurs particuliers, à l'exception du montant des restes dont le recouvrement est suspendu.

Receveurs particuliers, L/C de titres au porteur et mixtes.

Ce compte fait partie de ceux créés par la circulaire du 3 mars 1880 pour la constatation des écritures nécessitées pour le renouvellement ou transfert des titres de rentes tant départementaux que directs. *Circ. 31 oct. 1884.*

Il est débité pour le montant de la rente lors de l'envoi des nouveaux titres aux arrondissements et crédité à la réception des reconnaissances constatant la remise des titres aux personnes intéressées. De cette façon, le solde qui ressort à ce compte présente dans les écritures de la Trésorerie générale le portefeuille des arrondissements de Sous-Préfectures.

Voir, pour de plus amples renseignements, le chapitre *Divers, L/C de titres de rentes déposés p/ échange.*

Receveurs particuliers, L/C de titres de rentes achetés.

Les envois aux Receveurs particuliers de titres de rentes provenant d'achats sont constatés au débit du compte de correspondants administratifs *Receveurs particuliers, L/C de titres de rentes achetés.* *Circ. 17 juin 1886, I.*

Lorsque les reconnaissances acquittées sont parvenues au Trésorier général, le compte *Divers, L/C d'achats de rentes* est débité au crédit du compte *Receveurs particuliers, L/C de titres de rentes achetés.*

Receveurs particuliers, L/C de titres du Crédit foncier et autres valeurs françaises.

Ce compte est débité lors de l'envoi aux arrondissements de Sous- *Circ. 29 oct. 1881, III.*
M. F. 30 déc. 1899.

Préfectures des titres du Crédit foncier et de valeurs françaises par le crédit des comptes de portefeuille : *Titres du Crédit foncier à remettre à divers* et *Bordereaux de valeurs françaises achetées ou échangées.*

Il est crédité du montant des récépissés acquittés par les parties et renvoyés à la Trésorerie générale à titre de justification.

Pour établir l'avance réelle du Trésorier général envers le Trésor, le solde débiteur du compte *Receveurs particuliers, L/C de titres du Crédit foncier et autres valeurs françaises* doit être déduit de l'avance telle qu'elle ressort de la situation décadaire.

Recouvrements en vertu de contraintes.

I. G. 1937 à 1939; 2026 à 2029.
Circ. 28 févr. 1863; — 20 nov. 1867; — 30 déc. 1867; — 18 févr. 1891.

Les Percepteurs qui ont à poursuivre le recouvrement de contributions dues par des contribuables domiciliés hors de l'arrondissement, ou dans l'arrondissement, mais dépendant d'une autre Perception, établissent des contraintes et les remettent à la Recette particulière qui les entre sur un carnet et après les avoir fait viser à la Sous-Préfecture les envoie aux Percepteurs chargés d'en suivre le recouvrement. Ces contraintes doivent toujours être accompagnées d'un extrait de rôle en double expédition.

Les comptables qui en recouvrent le montant délivrent quittance à souche et sont autorisés à prélever sur le montant de la contrainte recouvrée une retenue de 1 fr. 5o c. p. 100; ils en versent le net à la Trésorerie générale ou à la Recette particulière en produisant à l'appui de leur versement la contrainte ou l'extrait de rôle ainsi que la déclaration de la retenue.

Il est fait recette de ce versement au compte *Recouvrements en vertu de contraintes.* Les pièces de recettes, c'est-à-dire les contraintes ([1]), sont adressées aux comptables pour lesquels le recouvrement a eu lieu, qui s'en chargent en recette au C/ *Contributions directes ou autres produits.* Ils délivrent quittance à souche pour la totalité de la cote, en ayant soin de mentionner dans le corps de la quittance le montant

---

([1]) Ou extraits de rôle.

brut de la contrainte recouvrée et la retenue exercée par leur collègue. La quittance ainsi établie est acceptée par la Recette particulière comme pièce de dépenses au C/ *Recouvrements en vertu de contraintes*, qui se trouve ainsi soldé.

Les contraintes qui n'ont pu être recouvrées sont retournées, appuyées des pièces justificatives de non-recouvrement, aux comptables qui les ont décernées et si des frais ont été faits, il est joint à la contrainte deux expéditions de l'état des frais. La Recette particulière qui a reçu la contrainte non recouvrée et avec frais, pour la retourner au comptable qui l'a décernée, constate le montant des frais faits au C/ *Poursuites pour le recouvrement des contributions ou amendes* suivant le cas, transmet le montant au comptable qui a avancé les frais et retourne la contrainte, appuyée d'une expédition de l'état des frais, au Percepteur qui l'a émise et qui demeure chargé d'en suivre l'admission en non-valeurs en même temps que de la cote du contribuable.

Les contributions dues pour les francs-bords de canaux et rivières canalisées sont ordonnancées au nom du Trésorier général qui en fait parvenir le montant aux Percepteurs au moyen du compte *Recouvrements en vertu de contraintes* (Circ. 18 févr. 1891). Tout autre versement de contributions fait au Trésor à Paris ou à une Trésorerie générale du département doit être constaté de la même manière (Circ. 20 nov. 1867).

Le montant des contraintes recouvrées pour le compte d'autres départements est transmis en fin de dizaine aux Trésoriers généraux intéressés au moyen de mandats sur le Caissier central du Trésor. Les Trésoriers généraux qui reçoivent le mandat sur le Trésor s'en chargent en recette au C/ *Recouvrements en vertu de contraintes,* et ils adressent en échange leur récépissé comptable souscrit à ce dernier compte et destiné à justifier la dépense au compte ci-dessus.

La même marche est suivie pour les contraintes émises pour le recouvrement des amendes et condamnations pécuniaires ; toutefois, dans certaines Trésoreries générales où le service des amendes est important, il est tenu un carnet spécial pour suivre distinctement la rentrée des contraintes relatives au service des contributions, et celles relatives au service des amendes et condamnations pécuniaires.

Recouvrements pour le compte de la Légion d'honneur. Recouvrements pour le compte du Trésorier général des Invalides de la marine.

I. G. 1955.
Circ. 6 déc. 1881.

Les recettes encaissées pour le compte de la Légion d'honneur ou du Trésorier général des Invalides de la marine sont constatées au crédit d'un des comptes ci-dessus, classés parmi les correspondants du Trésor.

En fin de dizaine, ces comptes sont soldés au crédit du compte courant du Trésor, et le montant des recettes figure sur les avis décadaires de recouvrements adressés à la Direction du mouvement général des fonds.

Les Trésoriers généraux annexent auxdits avis de recouvrements des bordereaux détaillés indiquant: les nom et domicile des parties versantes; la nature des versements; la date des recettes; le montant des sommes reçues.

Recouvrements de contributions extérieures.

Circ. 10 déc. 1900.

Ce compte, ouvert aux correspondants du Trésor, est destiné à recevoir le montant des recouvrements de contributions et taxes assimilées effectués d'office par les Percepteurs conformément aux prescriptions de la circulaire du 10 décembre 1900.

Ce compte joue, en recette et en dépense, de la même manière que le compte *Recouvrements en vertu de contraintes*.

Reliquats provenant de divers services.

Circ. 21 déc. 1860; — 24 déc. 1861, VIII; — 31 déc. 1861, VI; — 10 nov. 1880; — 31 déc. 1891, II.

A ce compte, créé par la circulaire du 24 décembre 1861, sont transportés les excédents des recettes sur les dépenses ressortissant, au 31 décembre de la 2ᵉ année, aux comptes ci-après:

Excédents de versements sur contributions ;
Recouvrements en vertu de contraintes ;
Droits de permis de chasse ;
Dépôts en numéraire des soumissionnaires de fournitures et travaux ;
Devis ; L/C de versements sur Taxes de brevets d'invention ;
Correspondants de la Trésorerie générale (Circ. 21 déc. 1860).

L. C. 29 janv. 1892. VI ;
— 29 juin 1894, VIII,
Circ. 15 déc. 1897.

Le transport au compte *Reliquats provenant de divers services* a lieu à la fin de l'année, et après l'arrivée de la copie des journaux des arrondissements de Sous-Préfectures. Il est établi un relevé général de toutes les recettes constatées à ce compte pendant la gestion, et il en est adressé une expédition à la Comptabilité publique ; mais la minute est conservée par la Trésorerie générale qui y émarge les remboursements faits ultérieurement.

Les sommes transportées au C/ *Reliquats* sont tenues à la disposition des parties intéressées pendant trois ans ; celles non remboursées au 31 décembre de la 3ᵉ année sont définitivement acquises au Trésor, et, comme telles, transportées au compte *Valeurs du Trésor restant à rembourser depuis plus de 5 ans* (Circ. 10 nov. 1880 et 31 déc. 1891, II).

Il est également établi un relevé détaillé de toutes les sommes ainsi transportées, dont une expédition est adressée à la Comptabilité publique en même temps que la Balance au 5 janvier, mais par lettre spéciale ; la minute sert, concurremment avec le récépissé souscrit au C/ *Valeurs du Trésor restant à rembourser depuis plus de 5 ans,* à justifier le débit du compte *Reliquats provenant de divers services.*

Remboursements à des comptables hors de fonctions.

Circ. 12 déc. 1864, 73.

Le remboursement à l'ancien Trésorier général, démissionnaire, révoqué, décédé ou admis à faire valoir ses droits à la retraite, de son avance ou du surplus de son avance s'il en a été cédé une partie, peut être effectué par le Trésorier général titulaire sur une autorisation spéciale de la Direction du mouvement général des fonds.

Il porte, dans ce cas, les paiements qu'il effectue à un compte ouvert au chapitre des correspondants du Trésor, sous le titre de *Remboursements à des comptables hors de fonctions*; il adresse, en fin de dizaine, avec sa demande de crédit, un bordereau certifié par l'ex-comptable ou son représentant, et contenant le détail, par date et par somme, des paiements effectués. Les quittances constatant ces paiements sont produites avec les pièces justificatives du mois pendant lequel la dépense a eu lieu.

Remboursements de capitaux de cautionnements.

Circ. 20 sept. 1866, XI.

Les paiements à effectuer pour remboursements de capitaux de cautionnements aux parties ayant réclamé ces remboursements ont lieu en vertu des autorisations adressées par la Direction du mouvement général des fonds au Trésorier général, au moyen d'états qu'elle a formés et qu'elle accompagne de toutes les pièces justificatives de libération produites par les titulaires.

Les ordres de paiement de capitaux sont valables jusqu'à l'expiration de l'exercice portant la dénomination de l'année pendant laquelle ces ordres ont été délivrés. Les états d'autorisation de payer indiquent, en même temps, les intérêts dus sur chaque exercice au titulaire du cautionnement.

Le paiement est fait, soit au titulaire, soit au bailleur de fonds, selon que l'état d'ordonnancement le fait connaître. Il n'a lieu qu'autant que ce même état ne contient aucune mention d'empêchement, et après que les parties ont produit au Trésorier général, selon les cas et la position des réclamants, toutes les justifications exigées par les règlements.

Les capitaux de cautionnements qui, ayant été ordonnancés cumulativement avec les intérêts, n'ont pas été payés aux ayants droit à l'époque de la clôture de l'exercice, ou à la fin du mois de décembre de chaque année, pour des capitaux réunis à des intérêts appartenant à des exercices clos, sont versés à la Caisse des dépôts et consignations. Les pièces produites à l'appui de l'ordonnancement sont jointes au récépissé de versement.

Ce compte est soldé, chaque dizaine, par le transport au débit du compte courant du Trésor.

Remboursements de taxes de brevets d'invention.

Ce compte a été créé par la circulaire du 15 octobre 1864, en vue d'éviter les nombreuses rectifications d'écritures qui consistaient en réductions de recettes au compte *Taxes des brevets d'invention* classé parmi les comptes de contributions et revenus publics.

Les remboursements se font au débit du compte *Remboursements de taxes de brevets d'invention*. A la fin de l'année seulement, le montant des taxes remboursées est déduit par contre-partie du produit des taxes des brevets d'invention, et à cet effet, on passe l'article suivant :

Taxes des brevets d'invention à *Remboursements de taxes de brevets d'invention* (contre-partie au compte débité).

Il est dressé un relevé détaillé en double expédition des taxes remboursées, dont l'une est jointe au titre de perception annuel des taxes de brevets d'invention, pour justifier la réduction, et l'autre est produite à l'appui du compte de gestion, 2ᵉ partie, pour justifier la recette au compte *Remboursements de taxes de brevets d'invention*.

Remboursement des avances faites aux caisses régionales de crédit agricole mutuel (Loi du 31 mars 1899).

Ce compte a été créé par la circulaire du 13 novembre 1900 pour constater les versements opérés en vertu de titres de perception dressés par le Ministère de l'agriculture pour le remboursement des prêts ou avances consentis par le Gouvernement aux caisses régionales de crédit agricole mutuel, en exécution de la loi du 31 mars 1899.

Les recettes sont transportées, en fin de dizaine, au compte courant du Trésor.

Les Trésoriers généraux doivent, immédiatement après chaque versement, adresser au Ministère de l'agriculture une déclaration constatant ce versement.

Remises du Caissier du Trésor.

Circ. 8 août 1863, III ; — 3o juin 189o, X.

En principe, les Trésoriers généraux ne doivent faire recette à ce compte qu'après réception de l'avis de débit donné d'office en compte courant, et remis par le Caissier central du Trésor.

Les opérations donnant lieu à des débits d'office sont les suivantes :
Achats de rentes sur l'État; Fournitures de l'Imprimerie nationale; Abonnements au Journal officiel; Prélèvements à la Banque de France; Envois à divers correspondants; Remises des valeurs de portefeuille.

Le compte *Remises du Caissier du Trésor* est crédité par le débit de la valeur reçue, et il est soldé en fin de dizaine par le transport au compte courant du Trésor. Le montant ne figure pas sur les avis décadaires adressés à la Direction du Mouvement général des fonds.

Restes à recouvrer sur les contributions directes et taxes y assimilées des exercices expirés.

I. G. 1919.
Circ. 21 oct. 1867, XIV ; — 18 janv. 1892, I ; — 29 nov. 1895; — 26 février 1902, II.

Aux termes de l'ordonnance royale du 8 décembre 1832, les Trésoriers généraux sont tenus de solder, au 3o novembre de la 2ᵉ année de l'exercice, les sommes qui n'auraient pas été recouvrées sur les soldes des contributions directes de l'année précédente; mais une loi du 25 janvier 1889 ayant fixé la clôture de l'exercice au 3o avril de la 2ᵉ année, c'est donc à cette date que sont soldées dans les écritures des Trésoriers généraux et Recettes particulières, par le transport au compte spécial *Restes à recouvrer sur contributions*, les sommes restant à recouvrer aux comptes ci-après :

Contributions directes;
Redevances des mines;
Taxes des biens de mainmorte;
Droits de vérification des poids et mesures;
Droits de vérification des alcoomètres et densimètres;
Droits de visite des pharmacies et magasins de droguerie;
Droits d'inspection des fabriques et dépôts d'eaux minérales;
Droits d'épreuve et de vérification des appareils à vapeur et des récipients à gaz comprimé ou liquéfié;

Taxe sur les billards, chevaux, voitures et vélocipèdes ;
Taxe militaire ;
Redevance pour la rétribution des délégués mineurs ;
Taxe sur les cercles, sociétés et lieux de réunion ;
Redevances pour frais de surveillance des fabriques de margarine et
oléo-margarine ;
Redevances pour frais de surveillance et de contrôle des primes à la
filature de la soie ;
Poursuites pour le recouvrement des contributions.

Cette opération a lieu le 20 avril dans les Recettes particulières et
le 3o dans les Trésoreries générales.

Il est délivré un récépissé dans chaque Recette particulière ; ces récépissés sont transmis comme pièces de dépenses à la Trésorerie générale, et ils servent à justifier la dépense constatée au compte *Restes
à recouvrer sur les contributions.....*

A la date du 3o novembre, c'est-à-dire sept mois après, ce compte
est lui-même soldé par le transport au compte *Percepteurs, L/C de
restes à recouvrer sur les contributions des exercices expirés,* qui est
placé parmi les correspondants administratifs de la Trésorerie générale.

Il est fait exception pour le montant des restes à recouvrer dont les
Receveurs des finances sont autorisés, dans les conditions indiquées
par le paragraphe 1ᵉʳ de la circulaire du 29 novembre 1895, à ne pas
faire l'avance de leurs deniers personnels au 3o novembre de la 2ᵉ année
de l'exercice.

Ces restes continuent à figurer, dans les écritures de la Trésorerie
générale, au débit du compte *Restes à recouvrer sur les contributions
directes et taxes y assimilées des exercices expirés.*

Reversements de frais de justice à restituer aux condamnés.

Les restitutions qui peuvent être prescrites par l'autorité judi-   Instr. des amendes, art. 15.
ciaire, conformément aux dispositions de l'article 172 du décret du
18 juin 1811, aux huissiers, aux greffiers, gendarmes et autres personnes en faveur desquelles des dépens auront été indûment liquidés,

doivent être faites aux Receveurs des finances en vertu d'un rôle de restitution.

Lorsqu'il y a eu condamnation et que le condamné s'est déjà acquitté, la recette est imputée au compte *Reversements de frais de justice à restituer aux condamnés*, et le remboursement en est fait par le Receveur des finances aux ayants droit, qui sont informés par l'autorité judiciaire de l'erreur commise et de sa régularisation.

Service de la remonte, S/C d'avances déposées en compte courant.

Circ. 29 juin 1889, I à VI ;
— 30 juin 1890, VII.

Ce compte est ouvert dans les écritures des Trésoriers généraux des départements où siège un dépôt de remonte.

Il est crédité du montant des avances faites aux présidents des comités d'achats des dépôts de remonte, sur mandats des sous-intendants militaires chargés de la surveillance administrative de ces dépôts. Ces avances s'élèvent au maximum à 50,000 fr. et exceptionnellement à 100,000 fr. pour les dépôts de Caen et Saint-Lô.

Il est débité du montant des mandats payés, soit par le Trésorier général du département, soit par ses collègues des autres départements qui en sont couverts par mandats sur le Trésor.

Lorsque l'avance représentée par le récépissé délivré au titre ci-dessus est complètement épuisée, ce récépissé doit être renvoyé par le président du comité d'achat au Trésorier général, qui l'annexe au dernier mandat du service de la remonte payé sur cette avance.

La partie des avances restée sans emploi à la date du 31 décembre de chaque année doit donner lieu à un *Reversement de fonds sur dépenses des Ministères,* sauf délivrance de nouvelles avances au titre de l'exercice suivant.

Service départemental.

Circ. 30 déc. 1892.

Les opérations de recette et de dépense du département ne sont plus comprises dans le budget de l'État. Les articles 20 à 27 de la loi du 18 juillet 1892 ont pour objet d'organiser le fonctionnement de la comptabilité du département et de créer un comptable départemental responsable de ces opérations.

Ce comptable n'est autre que le Trésorier-payeur général, qui réunit les deux qualités de comptable du Trésor et de comptable du département, et rend en cette double qualité deux comptes de gestion distincts.

Toutes les opérations effectuées par un même comptable devant, d'après les règles de la comptabilité publique, être décrites dans une comptabilité unique dont les résultats concordent avec les fonds existant dans une seule et même caisse, il en résulte que les recettes et les dépenses du Service départemental doivent être inscrites par les Trésoriers généraux sur le Journal et sur le Grand-Livre qu'ils tiennent en qualité de comptables du Trésor. A cet effet, les Trésoriers généraux ouvrent sur leurs livres, en tête des correspondants du Trésor, et immédiatement après le compte des émissions de mandats sur le Trésor, le compte général du *Service départemental,* qui est subdivisé en trois comptes distincts totalisés à l'encre rouge sur les balances mensuelles, savoir:

Service départemental, budget de l'exercice 19   ;
Service départemental, budget de l'exercice 19   ;
Service départemental, opérations hors budget.

Les comptables portent au crédit du compte de chaque exercice toutes les recettes budgétaires effectuées pour le compte du département, c'est-à-dire, d'une part, le produit des douzièmes des centimes additionnels mis chaque mois à la disposition du département, et, d'autre part, les autres produits qui figuraient précédemment au compte des produits éventuels départementaux. Ils portent au débit les paiements de toute nature qui étaient précédemment mandatés au titre du budget sur ressources spéciales et qui le sont actuellement au titre du budget départemental.

Au 31 décembre de chaque année, les opérations de la première partie de l'exercice du budget départemental sont rapportées par masse en recette et en dépense à la balance d'entrée sur les livres de la gestion nouvelle, de sorte qu'à la fin de l'exercice, les résultats du compte : *Service départemental, budget de l'exercice 19* doivent concorder exactement avec le compte de gestion qui est rendu par le Trésorier général en sa qualité de comptable départemental. Lorsque les résultats définitifs de l'exercice sont arrêtés de concert avec la Préfecture, le compte du budget départemental de l'exercice expiré est soldé par une dépense ou une recette d'ordre au crédit ou au débit du compte de l'exercice suivant. La dépense est justifiée par une situation de l'exercice, visée par le Préfet, et par le récépissé de la recette correspondante.

Toutes les opérations n'ayant pas le caractère budgétaire que les Trésoriers généraux ont à effectuer pour le service du département sont décrites par eux dans une série de comptes hors budget dont le détail est donné dans les modèles annexés à la circulaire du 30 décembre 1892. Parmi ces comptes figurent ceux qui étaient classés précédemment dans les correspondants administratifs de la Trésorerie générale et qui étaient relatifs au service des emprunts départementaux. Les autres comptes se rapportent à des opérations analogues à celles qui sont effectuées dans divers cas pour le service du Trésor, et leur intitulé en indique suffisamment la nature.

Chacun des comptes de services hors budget est ouvert sur le Grand-Livre ; les balances mensuelles doivent, d'ailleurs, présenter un développement de ces comptes analogue à celui qui existe pour les correspondants administratifs de la Trésorerie générale.

A la fin de chaque dizaine, le solde débiteur ou créditeur des opérations constatées au compte du service départemental est transporté au crédit ou au débit du compte courant du Trésor, par l'intermédiaire d'un compte d'ordre ouvert sous le titre de *Fonds libres du service départemental*.

Service local des colonies, S/C de recouvrements.

Circ. 31 oct. 1868, II ; — 30 juin 1890, X ; — 12 sept. 1890, III.

Les recettes effectuées pour le compte des colonies en vertu des ordres de recettes dont il est question à l'article 729 de l'Instruction générale et au paragraphe X de la circulaire du 3o juin 189o sont constatées au crédit du compte *Service local des colonies, S/C de recouvrements.*

Des récépissés à ce titre sont remis aux parties versantes.

En fin de mois, le compte *Service local des colonies* est soldé par le crédit du compte *Mandats sur le Caissier du Trésor,* et il est émis un mandat sur le Trésor à l'ordre du Trésorier colonial et payable à sa caisse. Ce mandat est annexé aux ordres de recettes envoyés chaque mois au Ministère de la marine.

Société nationale d'assistance pour les aveugles travailleurs.

Ce compte a été créé pour centraliser le montant des souscriptions provoquées par la « Société nationale d'assistance pour les aveugles travailleurs ».

Circ. 6 oct. 188o, II.

L'administration de l'hospice national des Quinze-Vingts adresse, au commencement de chaque année, un état des sommes à recouvrer, accompagné de fiches individuelles destinées au Percepteur du domicile du souscripteur, qui doit les réintégrer à la Recette des finances avant le 20 juin.

Au vu des fiches, la Trésorerie générale annote sur l'état nominatif la date et le montant des sommes recouvrées, ainsi que les sommes restant à recouvrer et les motifs du non-recouvrement.

Cet état est renvoyé au Directeur des Quinze-Vingts dans la première dizaine de juillet, accompagné d'un mandat sur le Trésor du montant des sommes encaissées, mandat délivré par le débit du compte précité qui se trouve ainsi soldé.

Suppléments de pensions militaires.

Les paiements de suppléments de pensions militaires sont portés au débit d'un compte à ouvrir aux avances pour divers services sous le titre : *Suppléments de pensions militaires.*

Circ. 23 mars 1899.

Ce compte est crédité :

1° Des reversements correspondant aux sommes qui auraient été payées indûment (Il est fait observer qu'il n'y aura pas lieu de procéder par voie de reversement toutes les fois qu'il sera possible de réduire la dépense, en modifiant ou en retirant la quittance comprenant le trop-payé);

2° Du montant des récépissés de mouvement de fonds adressés par la Caisse centrale du Trésor lorsque la Comptabilité publique lui a remis, après vérification, les états sommaires des paiements effectués pendant le trimestre (Circ. 23 mars 1899).

Le débit du compte *Suppléments de pensions militaires* est justifié chaque mois par une simple référence aux quittances souscrites par les pensionnaires.

Titres de rentes au porteur et mixtes sur l'État à échanger.

Circ. 31 oct. 1884.

A ce compte sont transportés : au débit, les titres de rentes au porteur et mixtes déposés pour renouvellement ou transfert, pour le montant en rentes ; au crédit, la sortie de ces titres du portefeuille de la Trésorerie générale par l'envoi qui en est fait à la Direction de la Dette inscrite.

On passe l'écriture suivante :

Trésor, S/C de titres de rentes à *Titres de rentes au porteur et mixtes sur l'État à échanger,*
pour le montant en rentes des titres envoyés à la Dette inscrite.

Le solde qui ressort au compte *Titres de rentes sur l'État à échanger* représente le solde des titres non encore envoyés à la Dette inscrite, et existant dans le portefeuille de la Trésorerie générale.

R. P. — Dans les écritures des Receveurs particuliers ce compte est débité du montant des dépôts. Il est crédité au moment de la rentrée des titres en portefeuille par le débit du compte *Titres de rentes échangés remis par le Trésorier général.*

Titres de rentes remis par la Direction de la Dette inscrite.

Ce compte présente la situation des titres de rentes au porteur et mixtes envoyés par la Dette inscrite après échange, transfert ou renouvellement, à remettre aux parties. Circ. 31 oct. 1884.

Les écritures auxquelles il donne lieu sont les suivantes : *Titres de rentes remis par la Direction de la Dette inscrite* à *Trésor, S/C de titres de rentes,* pour le montant en rentes des titres remis par la Direction de la Dette inscrite.

Il est crédité par le débit du compte *Divers, L/C de titres au porteur et mixtes déposés pour échange,* lors de la remise des titres aux parties, par le débit du compte *Receveurs particuliers, L/C de titres de rentes* pour les titres envoyés aux arrondissements de Sous-Préfecture, et par le débit du compte *Percepteurs, L/C de titres de rentes mixtes à renouveler,* pour les titres adressés aux Percepteurs de l'arrondissement chef-lieu.

Le solde qui ressort à ce compte représente exclusivement les titres reçus de la Dette inscrite et non encore sortis du portefeuille de la Trésorerie générale.

Titres de rentes remis par le Caissier du Trésor et la Chambre syndicale.

Ce compte de portefeuille, créé par la circulaire du 1ᵉʳ août 1881, est débité lors de la réception des titres achetés accompagnés des bordereaux en primata. Circ. 1ᵉʳ août 1881, I ; — 16 juin 1883, III ; — 17 juin 1886, I ; — 27 avril 1900.

Il est ensuite crédité, soit par le débit du compte *Divers, L/C d'achats de rentes* pour la remise des titres aux parties à la Trésorerie générale, soit du compte *Receveurs particuliers, L/C de titres de rentes achetés,* pour l'envoi fait aux Receveurs particuliers des titres concernant leur arrondissement, soit par le débit du compte *Percepteurs, L/C de titres de rentes achetés,* pour les titres achetés par l'intermédiaire des Percepteurs dans les conditions prévues par la circulaire du 27 avril 1900.

Titres du Crédit foncier à remettre à divers.

Circ. 9 mars 1881.

Ce compte a été créé par une circulaire du 9 mars 1881. Il s'applique exclusivement aux titres achetés directement au Crédit foncier pour le compte de divers, ou aux titres adressés par le Crédit foncier après transfert, conversion, échange, remploi.

Lors de la remise des titres par le Crédit foncier, il est passé dans les écritures officielles l'article suivant :

Titres du Crédit foncier à remettre à divers à Fonds particuliers.

Les titres remis par la Trésorerie générale aux intéressés sont constatés par une écriture en sens inverse. Quant à ceux envoyés aux arrondissements de Sous-Préfectures, il est passé l'écriture suivante : *Receveurs particuliers, L/C de titres du Crédit foncier et autres valeurs françaises à Titres du Crédit foncier à remettre à divers,* et le compte *Fonds particuliers* ne se trouve soldé dans les écritures officielles qu'après l'envoi par les Receveurs particuliers des reconnaissances constatant la remise des titres aux parties.

Il résulte de là que pour avoir le solde du compte *Titres du Crédit foncier.....* d'après les écritures officielles des fonds particuliers, il faut ajouter au chiffre du chef-lieu le solde des arrondissements de Sous-Préfectures.

R. P. — Écritures des Receveurs particuliers :

Réception des titres. — Titres du Crédit foncier à remettre à divers à Trésorerie générale, S/C de titres du Crédit foncier et autres valeurs françaises.

Une écriture en sens inverse est passée pour la remise des titres aux parties.

Traites d'adjudicataires de coupes de bois de l'État.

I. G., 1893 à 1895.

Ce compte est débité lors de la souscription des traites d'adjudicatàircs de bois de l'État, par le crédit du compte de contributions et revenus publics *Produits des coupes de bois de l'État.*

Il est soldé lors de l'envoi des effets au Caissier central du Trésor.

Traites d'adjudicataires de coupes de bois remises par le Caissier du Trésor.

Les Trésoriers généraux poursuivent la rentréc de ces traites conformément aux articles 332 à 339 de l'Instruction générale.

A la réception de la traite, le Trésorier général débite le compte au crédit du compte *Remises du Caissier du Trésor* et délivre un récépissé qu'il adresse au Caissier-payeur central.

I. G., 1893 à 1895.

Traites d'adjudicataires de coupes de bois de l'Etat en souffrance.

Dans le cas où des traites de coupes de bois de l'État ne sont pas recouvrées à l'échéance, le Trésorier général doit en retirer le montant du compte *Traites de coupes de bois de l'État remises par le Caissier du Trésor* et le porter au compte *Traites d'adjudicataires de coupes de bois de l'État en souffrance.*

Il constate à ce dernier compte les frais occasionnés par les poursuites, lesquels accroissent d'autant le montant des traites. Il justifie le solde existant au comptc *Traites d'adjudicataires de coupes de bois de l'État en souffrance,* soit par les traites elles-mêmes et les quittances de frais, soit par les pièces constatant la rèmise des traites à un huissier ou à un avoué.

I. G., 1893 à 1895.

Traites de coupes ordinaires ou extraordinaires de bois des communes et établissements publics.

Une circulaire du 14 avril 1866 a substitué ces deux comptes placés parmi ceux de caisse et de portefeuille aux deux précédemment ouverts parmi les correspondants administratifs intitulés : *Adjudicataires*

I. G., 2045 à 2049.

de coupes ordinaires ou extraordinaires de bois des communes et établissements publics, L|C d'obligations.

La distinction qu'il faut faire entre ces deux comptes est que, pour le premier : *coupes ordinaires,* c'est le Receveur municipal de la commune intéressée qui suit le recouvrement des traites, et à cet effet, la remise lui en est faite par la Trésorerie générale quelques jours avant l'échéance.

Pour le deuxième : *coupes extraordinaires,* le Trésorier général est tenu lui-même d'assurer le paiement des traites, et il porte au compte des fonds placés au profit de la commune intéressée par le débit de ses fonds particuliers en cas de non-paiement à l'échéance.

Pour les deux natures d'opérations il est passé, en outre, l'écriture suivante, pour constater la sortie des traites : *Receveurs des communes et établissements publics, L|C d'obligations de coupes ordinaires de bois en dépôt* pour les premières, et *Communes et établissements publics, L|C de produits de coupes extraordinaires de bois* pour les deuxièmes, doivent à *Traites de coupes ordinaires ou extraordinaires de bois des communes et établissements.*

Les accusés de réception des traites ordinaires, fournis par les Receveurs municipaux, justifient la dépense au premier compte, et comme justification de la dépense du deuxième compte, il est produit une déclaration de versement de la recette faite au compte des fonds placés par les communes.

Traites de douanes et sels remises par le caissier du Trésor.

Voir le compte *Obligations des redevables des contributions indirectes remises par le Caissier du Trésor.*

Trésor, son compte courant.

Les Trésoriers généraux ont avec le Trésor un compte courant qui est crédité pour les recettes et débité pour les dépenses; il se règle tous les trimestres.

Se transportent au compte courant du Trésor les comptes ci-après :

1° *Contributions et revenus publics,* page 4 de la Balance ;

2° *Dépenses publiques,* page 5 de la Balance ;

3° *Services spéciaux, recettes et dépenses,* id. ;

4° *Service départemental,* page 6 de la Balance ;

5° *Mandats sur le Caissier du Trésor,* id. ;

6° *Fonds placés au Trésor,* id. ;

7° *Recouvrements et paiements pour le compte du Trésorier général des Invalides de la marine et de la Légion d'honneur,* id. ;

8° *Correspondants divers et avances,* id. ;

9° *Mouvements de fonds, recettes et dépenses,* page 7 de la Balance.

Trésor, son compte de mon avance en fin de gestion.

Ce compte est ouvert dans les écritures de l'ex-Trésorier général. Circ. 12 déc. 1864.
Les remboursements qui lui sont faits n'affectent en rien son avance, telle qu'elle résulte de son compte de gestion ; seulement, il crédite pour ordre le compte courant du Trésor par le crédit du compte *Trésor, S/C de mon avance en fin de gestion,* du montant des paiements qui lui sont faits ; lorsque son avance lui a été intégralement remboursée, le compte *Trésor, S/C de mon avance en fin de gestion* présente sur ses livres un solde débiteur égal au solde créditeur des fonds particuliers.

Ces deux comptes sont ensuite balancés l'un par l'autre, mais seulement après l'envoi du compte de gestion.

Trésor, S/C de mon avance transportée dans le département de...
Trésor, S/C de mon avance provenant du département de...

Le Trésorier général qui a été nommé à un poste doit, aussitôt que Circ. 31 oct. 1884.
les comptes de l'ancienne gestion sont tous soldés et qu'il ne reste plus au compte courant du Trésor qu'un solde débiteur pareil au solde créditeur des *Fonds particuliers,* demander à la Direction du mouve-

ment général des fonds le transport dans la nouvelle gestion de la portion de son avance qu'il n'aurait pas cédée à son successeur ; sauf à réserver la somme suffisante pour couvrir les résultats des régularisations qu'il y aurait à opérer. Lorsque la vérification est complètement terminée, le Trésorier général fait une nouvelle demande pour le transport du complément du solde définitif.

Ces opérations donnent lieu aux écritures suivantes :

Ancienne gestion.
$\left\{\begin{array}{l}\text{Trésor, S/C de mon avance transportée dans le département de...}\\ \text{à Trésor, S/C courant du } \text{e trimestre 19 .}\end{array}\right.$

Nouvelle gestion .
$\left\{\begin{array}{l}\text{Trésor, S/C courant du } \text{e trimestre 19}\\ \text{à Trésor, S/C de mon avance provenant du département de...}\end{array}\right.$

Ce dernier compte représente l'avance réelle du comptable envers le Trésor ; il sera soldé dans les écritures de l'ancienne gestion par le débit des fonds particuliers et dans la nouvelle par le crédit, mais seulement après réception de l'avis de vérification du compte de gestion.

Trésor, S/C de titres de rentes au porteur et mixtes.

Ce compte créé par la circulaire du 3 mars 1880 est appelé à présenter la situation des titres de rentes envoyés par la Trésorerie générale à la Dette inscrite pour renouvellement ou transfert et non encore revenus.

Ce compte est débité pour le montant en rentes de tous les titres envoyés et crédité lors de la réception des nouveaux titres, de telle sorte que le solde qui ressort à ce compte représente les titres envoyés et dont les nouveaux titres sont attendus. (Voir chap. *Divers, L/C de titres de rentes déposés pour échange.*)

Trésorier général des Invalides de la marine, S/C de paiements à vérifier.

Ce compte est débité des paiements faits (voir chap. *Paiements pour le compte du Trésorier général des Invalides de la marine)* et crédité lors de l'arrivée à la Trésorerie générale de l'accusé de crédit.

L'état de développement du solde de ce compte que les Trésoriers généraux sont tenus d'adresser à la Comptabilité publique, en conformité des circulaires des 26 avril 1873 et 21 juillet 1876, doit mentionner la date de l'envoi des pièces au Trésorier général des Invalides, ainsi que la date de l'accusé de réception que ce dernier est dans l'usage d'adresser aux Trésoriers généraux.

Trésoriers coloniaux, L/C de paiements divers.

Les paiements effectués pour le compte des Trésoriers-payeurs des colonies sont portés à ce compte, non susceptible de justifications. Les pièces de dépenses sont adressées mensuellement, suivant le mode tracé par la circulaire du 31 janvier 1899, au Ministère des colonies, qui, en échange, envoie, par l'intermédiaire de la Comptabilité publique, son accusé de réception provisoire, qui est conservé dans les archives de la Trésorerie générale. Au reçu des pièces que le Ministre des colonies fait parvenir aux Trésoriers-payeurs des colonies, ces derniers délivrent leurs mandats sur le Trésor et les adressent aux Trésoriers généraux qui ont effectué les paiements, par l'intermédiaire du Ministre des colonies. Ces mandats, non assujettis au timbre sec ni à la formalité des chiffres-timbres, sont considérés comme *Valeurs représentatives* et, comme tels, employés à solder la dépense constatée au compte *Trésoriers coloniaux, L/C de paiements divers.*

L'envoi de ces mandats est fait à la Caisse centrale dans la forme ordinaire.

L'état de développement, au 31 décembre, du solde du compte *Trésoriers coloniaux, L/C de paiements divers* doit être établi en double expédition et les colonies classées suivant l'ordre prescrit par la circulaire du 3 mai 1898.

Circ. 31 oct. 1868, VII ; — 9 nov. 1872, V ; — 23 avril 1881, I ; — 1er août 1881, V ; — 18 nov. 1881, II ; — 16 juin 1883, III ; — 31 déc. 1892, V ; — 10 mai 1894, X ; — 8 mars 1898, I ; — 3 mai 1898, II ; — 31 janv. 1899, IX ; — 15 juill. 1899, IV.

Valeurs représentatives.

Circ. 21 oct. 1867, VIII ; — 10 juill. 1891, II ; — 31 janv. 1901, IV ; — 20 déc. 1901, V.

Sous ce titre, on comprend les pièces justificatives des paiements faits pour le compte du Trésor, telles que : *Quittances de rentes nominatives payables à Paris, Coupons de rentes au porteur, Bons du Trésor remboursés, Mandats sur le Caissier du Trésor, Traites...*, etc., dont le montant est placé au débit du compte *Valeurs représentatives*.

Le compte est crédité au fur et à mesure des envois faits au Caissier central du Trésor, par le débit du compte de correspondants administratifs intitulé : *Caisse centrale, S|C d'envois à vérifier* qui, lui-même, est crédité au reçu du récépissé de la Caisse centrale.

Les envois de valeurs représentatives à la Caisse centrale sont faits aux dates fixées par les circulaires des 31 janvier 1901, IV, et 20 décembre 1901, V.

R. P. — Dans les écritures des Receveurs particuliers ce compte est débité du montant des paiements faits et crédité de l'envoi des valeurs à la Trésorerie générale.

Versements de cautionnements.

I. G., 1965.

Les comptables et les officiers publics qui, à raison de leurs fonctions, sont assujettis à fournir un cautionnement au Trésor public, peuvent, pour son compte, le verser dans les caisses des Receveurs des finances et il leur en est délivré des récépissés au compte des services spéciaux *Versements de capitaux de cautionnements ;* la production de ces récépissés ou de déclarations de versements en tenant lieu est indispensable pour l'inscription des cautionnements sur les livres du Trésor.

Les formules de récépissés pour cautionnements doivent contenir l'avis suivant :

« Les intérêts de cautionnements ne peuvent être acquittés qu'au vu du certificat constatant que la somme versée a été inscrite au Trésor.

« Il importe donc, afin d'éviter tout retard de paiement, que le présent récépissé soit transmis à la Direction de la Dette inscrite, pour y être échangé contre le certificat d'inscription dont il s'agit. »

Indépendamment du récépissé, il est délivré d'office aux parties une déclaration de versement, afin que, nanties de cette pièce, elles n'hésitent pas à faire l'envoi du récépissé.

Il ne doit être inséré dans les récépissés de cautionnement aucune mention de privilège de second ordre en faveur de tiers, ce privilège ne pouvant s'obtenir qu'au moyen d'une déclaration faite devant notaire, dans la forme indiquée par les décrets des 28 août 1808 et 22 décembre 1812.

Les comptables ne peuvent faire d'office aucun changement relatif à l'imputation des cautionnements, ni rembourser aucune somme indûment versée, sans un avis émané de la Direction de la Dette inscrite.

Versements de fonds de subvention aux Receveurs de l'enregistrement, des douanes et sels, des contributions indirectes, des postes et télégraphes.

Lorsque les Receveurs des revenus indirects se trouvent hors d'état de satisfaire à des paiements avec le produit de leurs recettes, ils sont autorisés à demander aux Receveurs des finances des fonds de subvention.

I. G., 652 à 657. Circ. 3o juin 1900 ; — 15 juill. 1899.

Toutefois, ces fonds ne peuvent être fournis aux Receveurs des douancs et des contributions indirectes que jusqu'à concurrence des crédits ouverts à chaque service, d'après les lettres d'avis que le Directeur du mouvement général des fonds adresse aux Trésoriers généraux.

Lorsque des Receveurs des revenus indirects, autres que les Receveurs des postes, ont besoin de fonds de subvention, le Directeur départemental en fait la demande sur un imprimé qui comprend la formule de cette demande avec celle d'un récépissé et de son talon. La demande est présentée par le comptable qui doit toucher les fonds à celui qui doit les lui remettre, quand ils sont tous deux dans la même résidence ; s'il en est autrement, elle est détachée de la formule et adressée au comptable chargé de fournir les fonds, lesquels doivent être expédiés sans retard. Dès qu'ils sont parvenus à destination, le comptable qui les a reçus en souscrit et en envoie son récépissé. Cette pièce et la demande de fonds sont produites par le Trésorier général à l'appui de sa comptabilité.

Quant aux talons de récépissés, le Trésorier général les détache de la formule et les adresse, en fin de dizaine, à la Direction générale de la comptabilité publique.

Les demandes de fonds de subvention aux Receveurs des postes sont faites directement par les comptables qui ont besoin des fonds. Ils emploient à cet effet une formule qui comprend également le récépissé et son talon.

Les demandes de fonds de subvention faites par les Receveurs des postes présentées aux Receveurs des finances doivent toujours émaner du Receveur du bureau situé au chef-lieu d'arrondissement.

Le comptable qui a fourni des fonds de subvention à un Receveur des postes détache lui-même le talon du récépissé et l'adresse immédiatement au Directeur départemental.

Versements des Receveurs de l'enregistrement, des douanes et sels, des contributions indirectes, des postes et télégraphes.

I. G., 645, 1924, 1925. Circ. 3o mars 1866, V; — 24 déc. 1896; — 3o mai 1901, § VI; — 20 déc. 1901, III.

Les versements des Receveurs des revenus indirects sont constatés, par le débit du compte de la valeur reçue, au crédit du compte *Recette particulière du chef-lieu, S/C de recouvrements journaliers* et ils sont appliqués en fin de dizaine par le débit de ce dernier compte au crédit des comptes ouverts, pour chaque nature de revenus, sous les titres ci-après :

Versements des Receveurs de l'enregistrement ;
Versements des Receveurs des douanes et sels ;
Versements des Receveurs des contributions indirectes ;
Versements des Receveurs des postes et télégraphes.

Les Receveurs des finances ne doivent pas admettre, dans les versements des Receveurs des revenus indirects, d'appoints inférieurs à 1 fr., à moins qu'il ne s'agisse d'un solde de gestion ou de versements en pièces de dépenses (Circulaire du 30 mai 1901, § VI).

Par une décision prise par le Ministre des finances le 10 novembre 1896, les Receveurs des revenus indirects sont autorisés à faire leurs versements à la caisse de l'un quelconque des Receveurs des finances de leur département.

Toutefois, pour ne pas nuire à l'efficacité du contrôle intérieur de chaque administration, il a été réglé que la désignation de la Recette des finances appelée à encaisser les versements est faite par le Directeur départemental de chaque service après entente avec le Trésorier général.

Dans les cas exceptionnels où il s'agit d'autoriser un Receveur des revenus indirects à effectuer ses versements périodiques dans un département autre que celui de sa résidence, cette dérogation à la règle ordinaire ne peut avoir lieu qu'en vertu d'une décision ministérielle, mais le Receveur qui a obtenu une autorisation de cette nature n'en reste pas moins tenu d'échanger contre du numéraire les pièces de dépenses du Percepteur de sa résidence ou de payer les mandats de dépenses publiques qui lui sont présentés dans les conditions spécifiées par la circulaire du 25 juin 1884, § 6, ce qui implique pour lui l'obligation d'effectuer des versements spéciaux en pièces de dépenses à l'un des Receveurs des finances de son département.

Pour assurer le contrôle des recettes de l'espèce, les Trésoriers généraux établissent tous les mois un relevé des versements effectués par les Receveurs de chaque régie financière (mod. n° 4 de la circ. du 24 déc. 1896); ces relevés, certifiés exacts par les Directeurs des administrations intéressées, sont transmis à la Direction générale de la comptabilité publique dans les quinze premiers jours du mois suivant.

---

(1) Lorsqu'un Receveur particulier des douanes effectue directement un versement aux Caisses du Trésor, le Receveur des finances doit lui remettre, indépendamment du récépissé réglementaire, une déclaration de versement (Circ. du 20 décembre 1901, III).

COMPTES CONCERNANT EXCLUSIVEMENT LES RECETTES PARTICULIÈRES ET NON PRÉVUS AU RÉPERTOIRE PRÉCÉDENT

Bordereaux de ventes de rentes.

Voir *Divers, L/C de ventes de rentes.*

Divers, L/C de titres de rentes achetés.

Ce compte est crédité du montant des achats de rentes entrés en portefeuille. Il est débité du montant des remises faites aux parties :

1° Par les Recettes des finances, au crédit du compte *Titres de rentes achetés remis par le Trésorier général ;*

2° Par les Percepteurs, au crédit du compte *Percepteurs, L/C de titres de rentes achetés.*

Titres de rentes achetés remis par le Trésorier général.

Ce compte de portefeuille est débité du montant des achats de rentes transmis par la Trésorerie générale.

Il est crédité :

1° Par le débit du compte *Divers, L/C de titres de rentes achetés,* pour la remise des titres faite aux parties par la Recette ;

2° Par le débit du compte *Percepteurs, L/C de titres de rentes achetés,* pour l'envoi des achats aux Percepteurs.

Titres de rentes échangés remis par le Trésorier général.

Ce compte est débité du montant des titres renouvelés entrés en portefeuille au crédit du compte : *Titres de rentes au porteur et mixtes sur l'État à échanger.*

ll est crédité :

1° Par le débit du compte *Divers, L/C de titres de rentes au porteur et mixtes déposés pour échange* du montant des titres remis par le Receveur des finances;

2° Par le débit du compte *Percepteurs, L/C de titres mixtes de rentes sur l'État à renouveler,* pour le montant des titres adressés aux Percepteurs.

Trésorerie générale, S/C de titres du Crédit foncier et autres valeurs françaises.

Ce compte de correspondants de la Trésorerie générale se compose des opérations des deux comptes de portefeuille : *Bordereaux et titres de valeurs françaises achetées ou échangées* et *Titres du Crédit foncier à remettre à divers.*

Il est crédité des entrées en portefeuille et débité de la remise des titres aux parties.

Les soldes débiteurs des deux comptes de portefeuille susmentionnés forment le solde créditeur du C/ *Trésorerie générale, S/C de titres du Crédit foncier et autres valeurs françaises.*

Remises du Trésorier général.

Ce compte est seul employé pour constater les diverses recettes que les Receveurs particuliers sont appelés à faire pour le compte du Trésorier général en dehors du recouvrement et de la centralisation des produits et revenus publics.

Circ. 31 mai 1858 et 5 janvier 1888.

Le livre de détail créé pour la tenue de ce compte par la circulaire du 5 janvier 1888 permet de constater en bloc au Livre-Journal les recettes faites à ce compte.

Ce carnet de détail doit être additionné sans interruption du 1ᵉʳ janvier au 31 décembre de chaque année et être contrôlé chaque dizaine avec le compte du Grand-Livre.

M. X..., Trésorier général, S/C courant.

I. G., 1694 à 1701.

Le compte courant que les Receveurs particuliers doivent ouvrir au Trésorier général de leur département est destiné à recevoir :

Au crédit, les recettes effectuées par ces Receveurs ainsi que les remises faites par le Trésorier général (voir Balance : *Comptes qui se transportent*) ;

Au débit, les envois qu'ils font, soit en numéraire, soit en pièces de dépenses ou traites de coupes de bois.

Ce compte est arrêté tous les 10 jours et doit être contrôlé avec le résultat de la lettre décadaire.

Les rejets de pièces de dépenses et valeurs représentatives sont constatés par contre-partie, afin de maintenir l'accord entre la masse des débits et des crédits donnés aux comptes courants réciproques. Toutefois, il n'y aurait pas lieu à contre-partie si le Receveur particulier avait été crédité du montant des pièces irrégulières avant qu'elles fussent rejetées. Ce dernier mode est généralement employé dans la pratique.

(Voir l'article *Receveurs particuliers, L/C courant.*)

CONTRÔLE DU MONTANT DES OPÉRATIONS AU LIVRE-JOURNAL DES RECETTES PARTICULIÈRES

A la fin de chaque dizaine les Receveurs particuliers peuvent s'assurer très rapidement de l'exactitude du montant de leurs opérations au moyen de la lettre décadaire. Ce contrôle régulièrement fait évite toutes recherches lors de l'établissement de la Balance.

Pour faire ce contrôle il suffit de prendre sur la lettre décadaire :

1° Le total des recettes de toute nature affectant le compte du Trésorier général (page 3);

2° Le total *général* des dépenses (page 6);

3° Le total des débits de la dizaine des comptes de *Caisse et de portefeuille* (page 7, col. 3).

Ajouter ces trois sommes au total des opérations du dernier jour de la dizaine précédente.

TABLE DES COMPTES

D'APRÈS

l'ordre de la Balance générale des comptes du Grand-Livre

Comptes exclusifs aux Recettes particulières.

Nancy, imprimerie Berger-Levrault et Cⁱᵉ.

www.ingramcontent.com/pod-product-compliance
Ingram Content Group UK Ltd.
Pitfield, Milton Keynes, MK11 3LW, UK
UKHW022051070726
13613UKWH00002B/777